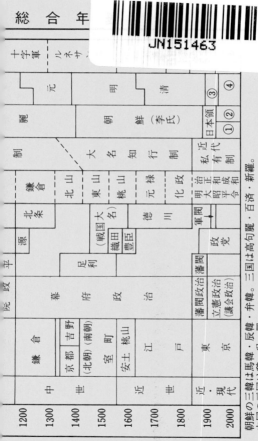

西暦・日本年号・干支対照表(1)

(2)は裏見返し

1924 ～ 1953		1984 ～ 2013		干支	（和訓）
1924	大正 13	1984	昭和 59	甲子	きのえ　ね
1925	〃 14	1985	〃 60	乙丑	きのと　うし
1926	昭和 1	1986	〃 61	丙寅	ひのえ　とら
1927	〃 2	1987	〃 62	丁卯	ひのと　う
1928	〃 3	1988	〃 63	戊辰	つちのえたつ
1929	〃 4	1989	平成 1	己巳	つちのと　み
1930	〃 5	1990	〃 2	庚午	かのえ　うま
1931	〃 6	1991	〃 3	辛未	かのとひつじ
1932	〃 7	1992	〃 4	壬申	みずのえさる
1933	〃 8	1993	〃 5	癸酉	みずのととり
1934	〃 9	1994	〃 6	甲戌	きのえ　いぬ
1935	〃 10	1995	〃 7	乙亥	きのと　い
1936	〃 11	1996	〃 8	丙子	ひのえ　ね
1937	〃 12	1997	〃 9	丁丑	ひのと　うし
1938	〃 13	1998	〃 10	戊寅	つちのえとら
1939	〃 14	1999	〃 11	己卯	つちのと　う
1940	〃 15	2000	〃 12	庚辰	かのえ　たつ
1941	〃 16	2001	〃 13	辛巳	かのと　み
1942	〃 17	2002	〃 14	壬午	みずのえうま
1943	〃 18	2003	〃 15	癸未	みずのとひつじ
1944	〃 19	2004	〃 16	甲申	きのえ　さる
1945	〃 20	2005	〃 17	乙酉	きのと　とり
1946	〃 21	2006	〃 18	丙戌	ひのえ　いぬ
1947	〃 22	2007	〃 19	丁亥	ひのと　い
1948	〃 23	2008	〃 20	戊子	つちのえ　ね
1949	〃 24	2009	〃 21	己丑	つちのとうし
1950	〃 25	2010	〃 22	庚寅	かのえ　とら
1951	〃 26	2011	〃 23	辛卯	かのと　う
1952	〃 27	2012	〃 24	壬辰	みずのえたつ
1953	〃 28	2013	〃 25	癸巳	みずのと　み

↳ (2)へ　　↳ (2)へ

裏見返しに続く（干支は 60 年で一巡する）

歴史探訪に便利な

日本史小典

7訂版

日 正 社

は じ め に

　歴史関係の資料は多く，各種の日本史辞典や専門分野毎の辞典類，また専門書などのほか，歴史年表や百科事典などにも掲載されています。あるいは，教科書・学習書に整理されたものもあり，古語辞典や国語辞典などにもあります。

　このように，いろんな図書に掲載されている資料を，小冊子にまとめると便利であろうと思い，整理してみました。もっとも，専門家用としては，『読史備要』や『日本史総覧』のようなものがありますが，一般の歴史愛好家には大きすぎます。

　本書は，手帳同様，ポケットやハンドバッグに入れて持ち歩けるよう小型にし，しかも，読みやすいように大きい文字を用いました。また，誤読のおそれがある文字にはなるべく振りがなをつけました。

　調査に出かけると，「□□九甲辰……」のように，年号が読めない文書や墓石などを見ることがあります。それを調べるために干支と日本年号・西暦の対照表を作ってみました。例えば上の場合，甲辰の年で9年という年は，本書に入れた1204年～1923年の720年間で，慶長9(1604)年と享保9(1724)年だけです。これでおよそ調査のメドがたちましょう。

また5訂版から、多くの「高校日本史」に掲載された人名を選び、「日本史の人々」として、各時代ごとに、ジャンルを考慮して整理し、追加しました。さらに「日本の文学」を加えました。調査や小旅行など、歴史探訪に必携の手帳として御愛用下さい。

　　　平成20年5月　　　　　　　　日 笠 山 正 治

　なお、本書をまとめるにあたり、次の図書から多くの資料を利用させていただきました。

○日本歴史大辞典(河出書房)、○国史大辞典(吉川弘文館)、○日本史辞典(角川書店)、 ○日本史総覧(新人物往来社)、○大日本百科事典(小学館)、○日本の歴史(旺文社)、○歴史散歩事典(山川出版社)、○地方史研究必携(岩波書店)、○日本史小百科　神社(近藤出版社)、○日本の仏教(至文堂)、○日本の仏教宗派(仏教伝道協会)、○観音霊場めぐり(札所研究会)、○江戸時代制度の研究(柏書房)、○官職要解(講談社)、○日本紋章学(人物往来社)、○家紋由来帳(日栄出版)、○古文書調査ハンドブック(吉川弘文館)、○大日本年表(大日本出版)、○近代日本総合年表(岩波書店)、○日本史問題史年表(清水書院)、○日本史年表(吉川弘文館)、○日本歴史地図(全国教育図書)、日本史地図(吉川弘文館)、○日本文学小辞典　(新潮社)、○大辞泉　(小学館)
○各社「高校日本史」、○各社「日本人名辞典」等。
○「古文書通信講座」解説書参考資料(日正社古文書研究所)

目　　次

- 日本史重要年表……………………………………6〜9
- 日本年号(時代順)…………………………………10〜13
- 日本年号の読み方(五十音順)……………………14〜21
- 第2字でひく日本年号……………………………22〜25
- 十干十二支による紀年法(1204年〜1923年)……26〜31
- 天　　　皇…………………………………………32〜34
- 院政・摂政・関白…………………………………35
- 鎌倉幕府の将軍・執権……………………………36
- 室町幕府の将軍・執事・管領……………………36〜37
- 江戸幕府の将軍・大老・老中……………………37〜40
- 内閣総理大臣………………………………………41〜42
- 政党変遷表(戦前・戦後)…………………………43〜44
- 公家官制表…………………………………………45
- 官位相当表…………………………………………46〜51
- 武家職制表(鎌倉・室町・江戸・藩・天領)……52〜59
- 国県対照と戦国大名・江戸大名…………………60〜67
- 図国県対照と五畿七道……………………………68〜69
- 郡代・代官(江戸幕府)……………………………70〜71
- 江戸幕府の役人の俸禄調…………………………72〜73
- 近世の交通路(陸上・海上)………………………74〜75
- 図近世の交通路……………………………………76〜77
- 神話の神々…………………………………………78〜79
- 神宮・諸国一宮・旧官国幣社……………………80〜85
- 図鳥居のいろいろ…………………………………84〜85
- 仏教宗派……………………………………………86〜88
- 新　宗　教…………………………………………89
- 百観音霊場(西国・坂東・秩父)…………………90〜91
- 新旧漢字書体対照表………………………………92〜93
- 数詞一覧・名数一覧………………………………94〜111
- 歴史上の度量衡……………………………………112
- 度量衡換算速算表…………………………………113
- 度量衡換算表………………………………………114〜115

    近世の貨幣……………………………………………… 116
    方位・時刻表…………………………………………… 117
    月齢表・月の名称……………………………………… 118
    月の異名………………………………………………… 119
    二十四節気・雑節……………………………………… 120
    年中行事(江戸時代，民間)…………………………… 121
    縄文・弥生文化の編年表……………………………… 122
    図先土器時代の石器…………………………………… 123
    図縄文時代の石器・土器…………………………124〜125
    図弥生時代の石器・土器…………………………126〜127
    図土師器と須恵器…………………………………128〜129
    図大内裏図(諸官庁および諸門)…………………130〜131
    図内裏図(諸建築物および諸門)…………………132〜133
    図紋章(皇室・公家・武家)………………………134〜135
    図紋章のいろいろ…………………………………136〜153
    図神社建築…………………………………………154〜155
    図仏像の種類………………………………………156〜157
    図印　契………………………………………………… 158
    図石　塔………………………………………………… 159
    図石造物の梵字………………………………………… 160
    図屋根と破風…………………………………………… 161
    図表装・造本…………………………………………… 162
    日本史の人々 ……………………………………163〜182
    日本の文学 ………………………………………183〜189
    日本各地の日出・日入の時刻 …………………190〜191
    日本各地の緯度・経度………………………………… 192
    その年の干支を計算する法…………………………… 193
    人口の推移……………………………………………… 194
    人口ピラミッド・年齢別人口の割合………………… 195
    古文書解読資料 …………………………………196〜206
      かなのくずし、漢字のくずし、似ている漢字など
    その日の曜日を計算する法…………………………… 207

	原 始 ・ 古 代
原始古墳時代	○先土器文化　縄文文化　弥生文化 　57　倭国王，後漢に遣使 239　邪馬台国女王卑弥呼，魏に遣使 ○古墳文化 350頃　大和朝廷の統一
大 和 時 代	538頃　仏教伝来（一説552） 593～622　聖徳太子の摂政 607　遣隋使の初め。法隆寺創建 630　遣唐使の初め 645（大化1）大化の改新 672　壬申の乱。飛鳥京に遷都 694（朱鳥8）藤原京に遷都 701（大宝1）大宝律令成る
奈良時代	710（和銅3）平城京に遷都 712（〃 5）「古事記」成る 720（養老4）「日本書紀」成る 759（天平宝字3）頃「万葉集」成る
平 安 時 代	794（延暦13）平安京に遷都 858（天安2）藤原良房，摂政となる 894（寛平6）遣唐使を廃止 927（延長5）延喜格式の撰上 939（天慶2）天慶の乱 1016（長和5）～27　藤原道長全盛 1019（寛仁3）刀伊の賊入寇 1051（永承6）前九年の役起る 1086（応徳3）院政始まる 1156（保元1）保元の乱 1159（平治1）平治の乱 1167（仁安2）平清盛，太政大臣となる 1185（文治1）平氏滅ぶ。守護・地頭を設置

要年表

中世

鎌倉時代	1192(建久3)	源頼朝, 鎌倉幕府を開く
	1219(承久1)	源氏滅び, 北条氏執権
	1221(〃 3)	承久の乱
	1232(貞永1)	御成敗式目を制定(貞永式目)
	1274(文永11)	文永の役
	1281(弘安4)	弘安の役
	1297(永仁5)	永仁の徳政令
	1333(元弘3)	鎌倉幕府滅ぶ
室町時代	1334(建武1)	建武の中興
	1338(延元3, 暦応1)	足利尊氏, 室町幕府を開く
	1349(正平4, 貞和5)	足利基氏, 鎌倉公方となる
	1392(元中9, 明徳3)	南北朝の合一
	1404(応永11)	勘合貿易の初め
	1441(嘉吉1)	嘉吉の変
	1467(応仁1)	応仁の乱起る
	1485(文明17)	山城国一揆起る
	1488(長享2)	加賀一向一揆起る
	1491(延徳3)	北条早雲, 伊豆に拠る
	1543(天文12)	種子島に鉄砲伝来
	1549(〃 18)	ザビエル, キリスト教を伝う
	1555(弘治1)	川中島の戦い
	1560(永禄3)	桶狭間の戦い
	1568(〃 11)	織田信長入京
	1573(天正1)	室町幕府滅ぶ
安土桃山時代	1582(〃 10)	本能寺の変
	1585(〃 13)	豊臣秀吉, 関白となる
	1590(〃 18)	豊臣秀吉の全国統一
	1592(文禄1)	文禄の役
	1597(慶長2)	慶長の役
	1600(〃 5)	関が原の戦い

日本史重

近世

江戸時代

- 1603(慶長8) 徳川家康, 江戸幕府を開く
- 1614(〃 19) 大坂冬の陣, 1615(元和1) 大坂夏の陣
- 1635(寛永12) 参勤交代制の確立
- 1637(〃 14) 島原の乱
- 1639(〃 16) 鎖国
- 1643(〃 20) 田畑永代売買の禁
- 1649(慶安2) 慶安御触書
- 1687(貞享4) 生類憐みの令
- 1688(元禄1)〜1703 元禄時代
- 1709(宝永6) 新井白石を登用
- 1716(享保1) 享保の改革(吉宗)
- 1721(〃 6) 目安箱設置
- 1742(寛保2) 公事方御定書を定む
- 1758(宝暦8) 宝暦事件
- 1767(明和4) 明和事件
- 1772(安永1) 田沼意次, 老中となる
- 1778(〃 7) ロシア船, 蝦夷地に来航
- 1783(天明3) 天明の大飢饉
- 1787(〃 7) 松平定信, 老中となる(寛政の改革)
- 1808(文化5) 間宮林蔵, 間宮海峡を発見
- 1825(文政8) 外国船打払令を発す
- 1837(天保8) 大塩平八郎の乱
- 1839(〃 10) 蛮社の獄
- 1841(〃 12) 天保の改革(水野忠邦)
- 1853(嘉永6) ペリー, 浦賀に来航
- 1854(安政1) 日米和親条約調印
- 1858(〃 5) 日米修交通商条約調印
- 1859(〃 6) 安政の大獄
- 1860(万延1) 桜田門外の変　1864(元治1)長州征伐
- 1867(慶応3) 大政奉還

要 年 表

近代・現代

明治時代	1868(明治1) 明治維新。五箇条の誓文
	1869(〃 2) 版籍奉還　1871(明治4) 廃藩置県
	1873(〃 6) 徴兵令公布。地租改正
	1875(〃 8) 千島・樺太の交換
	1877(〃 10) 西南の役
	1889(〃 22) 大日本帝国憲法発布
	1890(〃 23) 第1回帝国議会開く
	1894(〃 27)〜95 日清戦争
	1899(〃 32) 改正条約施行
	1904(〃 37)〜05 日露戦争
	1910(〃 43) 韓国併合
大正時代	1914(大正3)〜18 第一次世界大戦
	1923(〃 12) 関東大震災
	1925(〃 14) 治安維持法・普通選挙法公布
昭和時代	1927(昭和2) 金融大恐慌起る
	1931(〃 6) 満州事変。金輸出再禁止
	1933(〃 8) 国際連盟脱退
	1937(〃 12) 日華事変起る。39〜 第二次世界大戦
	1941(〃 16)〜45 太平洋戦争
	1945(〃 20) ポツダム宣言受諾。占領下に入る
	1945(〃 20) 財閥解体。農地改革
	1946(〃 21) 日本国憲法公布
	1950(〃 25) 朝鮮戦争起る。警察予備隊設置
	1951(〃 26) サンフランシスコ平和条約調印
	1956(〃 31) 日本，国際連合加盟
	1960(〃 35) 日米新安保条約調印
	1968(〃 43) 小笠原諸島復帰
	1972(〃 47) 沖縄復帰。日中国交回復
	1988(〃 63) 青函トンネル・瀬戸大橋開通
平成・令和↓	1995(平成7) 阪神・淡路大震災
	2011(〃 23) 東日本大震災

日 本 年 号 一

時代	年号	期間		時代	年号	期間
大和時代	大　化	645 6·19～50		平安時代	延　長	923④·11～31
	白雉(白鳳)	650 2·15～54			承　平	931 4·26～38
	朱鳥(朱雀)	686 7·20～			天　慶	938 5·22～47
	大　宝	701 3·21～04			天　暦	947 4·22～57
	慶　雲	704 5·10～08			天　徳	957 10·27～61
	和　銅	708 1·11～15			応　和	961 2·16～64
710	霊　亀	715 9·2～17			康　保	964 7·10～68
奈良時代	養　老	717 11·17～24			安　和	968 8·13～70
	神　亀	724 2·4～29			天　禄	970 3·25～73
	天　平	729 8·5～49			天　延	973 12·20～76
	天平感宝	749 4·14～49			貞　元	976 7·13～78
	天平勝宝	749 7·2～57			天　元	978 11·29～83
	天平宝字	757 8·18～65			永　観	983 4·15～85
	天平神護	765 1·7～67			寛　和	985 4·27～87
	神護景雲	767 8·16～70			永　延	987 4·5～89
	宝　亀	770 10·1～80			永　祚	989 8·8～90
	天　応	781 1·1～82			正　暦	990 11·7～95
	延　暦	782 8·19～06			長　徳	995 2·22～99
794	大　同	806 5·18～10			長　保	999 1·13～04
平安時代	弘　仁	810 9·19～24			寛　弘	1004 7·20～12
	天　長	824 1·5～34			長　和	1012 12·25～17
	承　和	834 1·3～48			寛　仁	1017 4·23～21
	嘉　祥	848 6·13～51			治　安	1021 2·2～24
	仁　寿	851 4·28～54			万　寿	1024 7·13～28
	斉　衡	854 11·30～57			長　元	1028 7·25～37
	天　安	857 2·21～59			長　暦	1037 4·21～40
	貞　観	859 4·15～77			長　久	1040 11·10～44
	元　慶	877 4·16～85			寛　徳	1044 11·24～46
	仁　和	885 2·21～89			永　承	1046 4·14～53
	寛　平	889 4·27～98			天　喜	1053 1·11～58
	昌　泰	898 4·26～01			康　平	1058 8·29～65
	延　喜	901 7·15～23			治　暦	1065 8·2～69

＊小字は改元の月日、延長（九二三年）の④は閏の四月を示す。

覧表（時代順）

	元号	期間		元号	期間
	延 久	1069 4·13～74		長 寛	1163 3·29～65
	承 保	1074 8·23～77		永 万	1165 6· 5～66
	承 暦	1077 11·17～81	平	仁 安	1166 8·27～69
	永 保	1081 2·10～84	安	嘉 応	1169 4· 8～71
	応 徳	1084 2· 7～87	時	承 安	1171 4·21～75
	寛 治	1087 4· 7～94	代	安 元	1175 7·28～77
	嘉 保	1094 12·15～96		治 承	1177 8· 4～81
平	永 長	1096 12·17～97		養 和	1181 7·14～82
	承 徳	1097 11·21～99		寿 永	1182 5·27～85
	康 和	1099 8·28～04		（元暦	1184 4·16～85）
	長 治	1104 2·10～06		文 治	1185 8·14～90
	嘉 承	1106 4· 9～08		建 久	1190 4·11～99
	天 仁	1108 8· 3～10	1192	正 治	1199 4·27～01
	天 永	1110 7·13～13		建 仁	1201 2·13～04
安	永 久	1113 7·13～18	鎌	元 久	1204 2·20～06
	元 永	1118 4· 3～20		建 永	1206 4·27～07
	保 安	1120 4·10～24		承 元	1207 10·25～11
	天 治	1124 4· 3～26	倉	建 暦	1211 3· 9～13
	大 治	1126 1·22～31		建 保	1213 12· 6～19
	天 承	1131 1·29～32		承 久	1219 4·12～22
	長 承	1132 8·11～35	時	貞 応	1222 4·13～24
時	保 延	1135 4·27～41		元 仁	1224 11·20～25
	永 治	1141 7·10～42		嘉 禄	1225 4·20～27
	康 治	1142 4·28～44	代	安 貞	1227 12·10～29
	天 養	1144 2·23～45		寛 喜	1229 3· 5～32
	久 安	1145 7·22～51		貞 永	1232 4· 2～33
	仁 平	1151 1·26～54		天 福	1233 4·15～34
代	久 寿	1154 10·28～56		文 暦	1234 11· 5～35
	保 元	1156 4·27～59		嘉 禎	1235 9·19～38
	平 治	1159 4·20～60		暦 仁	1238 11·23～39
	永 暦	1160 1·10～61		延 応	1239 2· 7～40
	応 保	1161 9· 4～63		仁 治	1240 7·16～43

日本年号 一

12

鎌倉時代	寛 元	1243 2·26〜47		《南朝》	興 国	1340 4·28〜46
	宝 治	1247 2·28〜49			正 平	1346 12·8〜70
	建 長	1249 3·18〜56			建 徳	1370 7·24〜72
	康 元	1256 10·5〜57	室町(南北朝時代)時代		文 中	1372 4·?〜75
	正 嘉	1257 3·14〜59			天 授	1375 5·27〜81
	正 元	1259 3·26〜60			弘 和	1381 2·10〜84
	文 応	1260 4·13〜61			元 中	1384 4·28〜92
	弘 長	1261 2·20〜64		《北朝》		
	文 永	1264 2·28〜75			暦 応	1338 8·28〜42
	建 治	1275 4·25〜78			康 永	1342 4·27〜45
	弘 安	1278 2·29〜88			貞 和	1345 10·21〜50
	正 応	1288 4·28〜93			観 応	1350 2·27〜52
	永 仁	1293 8·5〜99			文 和	1352 9·27〜56
	正 安	1299 4·25〜02			延 文	1356 3·28〜61
	乾 元	1302 11·21〜03			康 安	1361 3·29〜62
	嘉 元	1303 8·5〜06			貞 治	1362 9·23〜68
	徳 治	1306 12·14〜08			応 安	1368 2·18〜75
	延 慶	1308 10·9〜11			永 和	1375 2·27〜79
	応 長	1311 4·28〜12			康 暦	1379 3·22〜81
	正 和	1312 3·20〜17			永 徳	1381 2·24〜84
	文 保	1317 2·3〜19			至 徳	1384 2·27〜87
	元 応	1319 4·28〜21			嘉 慶	1387 8·23〜89
	元 亨	1321 2·23〜24			康 応	1389 2·9〜90
	正 中	1324 12·9〜26			明 徳	1390 3·26〜94
	嘉 暦	1326 4·26〜29		(南北朝統一1392)		
	元 徳	1329 8·29〜31			応 永	1394 7·5〜28
	元 弘	1331 8·9〜34			正 長	1428 4·27〜29
	(正慶)	1332 4·28〜34			永 享	1429 9·5〜41
1333	建 武	1334 1·29〜36			嘉 吉	1441 2·17〜44
1336	延 元	1336 2·29〜40			文 安	1444 2·5〜49
	北朝は元弘2年を正慶と改元 北朝は建武を1338まで使用				宝 徳	1449 7·28〜52

一覧表（時代順）

室町時代	享徳	1452 7・25〜55		元禄	1688 9・30〜04
	康正	1455 7・25〜57		宝永	1704 3・13〜11
	長禄	1457 9・28〜60		正徳	1711 4・25〜16
	寛正	1460 12・21〜66		享保	1716 6・22〜36
	文正	1466 2・28〜67		元文	1736 4・28〜41
	応仁	1467 3・5〜69	江戸時代	寛保	1741 2・27〜44
	文明	1469 4・28〜87		延享	1744 2・21〜48
	長享	1487 7・20〜89		寛延	1748 7・12〜51
	延徳	1489 8・21〜92		宝暦	1751 10・27〜64
	明応	1492 7・19〜01		明和	1764 6・2〜72
	文亀	1501 2・29〜04		安永	1772 11・16〜81
	永正	1504 2・30〜21		天明	1781 4・2〜89
	大永	1521 8・23〜28		寛政	1789 1・25〜01
	享禄	1528 8・20〜32		享和	1801 2・5〜04
	天文	1532 7・29〜55		文化	1804 2・11〜18
	弘治	1555 10・23〜58		文政	1818 4・22〜30
	永禄	1558 2・28〜70		天保	1830 12・10〜44
1573	元亀	1570 4・23〜73		弘化	1844 12・2〜48
安土桃山	天正	1573 7・28〜92		嘉永	1848 2・28〜54
	文禄	1592 12・8〜96		安政	1854 11・27〜60
1603	慶長	1596 10・27〜15		万延	1860 3・18〜61
	元和	1615 7・13〜24		文久	1861 2・19〜64
	寛永	1624 2・30〜44		元治	1864 2・20〜65
江戸時代	正保	1644 12・16〜48	1868	慶応	1865 4・8〜68
	慶安	1648 2・15〜52	明治・大正・昭和・平成	明治	1868 9・8〜12
	承応	1652 9・18〜55		大正	1912 7・30〜26
	明暦	1655 4・13〜58		昭和	1926 12・25〜89
	万治	1658 7・23〜61		平成	1989 1・8〜19
	寛文	1661 4・25〜73		令和	2019 5・1〜
	延宝	1673 9・21〜81			
	天和	1681 9・29〜84			
	貞享	1684 2・21〜88			

日本年号の読み方

あ	安	永	あんえい	1772～1781	江戸
	安	元	あんげん	1175～1177	平安
	安	政	あんせい	1854～1860	江戸
	安	貞	あんてい	1227～1229	鎌倉
	安	和	あんな	968～970	平安
え	永	延	えいえん	987～989	平安
	永	観	えいかん	983～985	平安
	永	久	えいきゅう	1113～1118	平安
	永	享	えいきょう	1429～1441	室町
	永	治	えいじ	1141～1142	平安
	永	正	えいしょう	1504～1521	室町
	永	承	えいしょう	1046～1053	平安
	永	祚	えいそ	989～990	平安
	永	長	えいちょう	1096～1097	平安
	永	徳	えいとく	1381～1384	北朝
	永	仁	えいにん	1293～1299	鎌倉
	永	保	えいほ	1081～1084	平安
	永	万	えいまん	1165～1166	平安
	永	暦	えいりゃく	1160～1161	平安
	永	禄	えいろく	1558～1570	室町
	永	和	えいわ	1375～1379	北朝
	延	喜	えんぎ	901～923	平安
	延	久	えんきゅう	1064～1074	平安
	延	享	えんきょう	1744～1748	江戸
	延	慶	えんきょう	1308～1311	鎌倉
	延	元	えんげん	1336～1340	南朝
	延	長	えんちょう	923～931	平安
	延	徳	えんとく	1489～1492	室町
	延	応	えんのう	1239～1240	鎌倉
	延	文	えんぶん	1356～1361	北朝
	延	宝	えんぽう	1673～1681	江戸

(五十音順)

	延	暦	えんりゃく	782～ 806 奈・平
お	応	安	おうあん	1368～1375 北朝
	応	永	おうえい	1394～1428 室町
	応	長	おうちょう	1311～1312 鎌倉
	応	徳	おうとく	1084～1087 平安
	応	仁	おうにん	1467～1469 室町
	応	保	おうほ	1161～1163 平安
	応	和	おうわ	961～ 964 平安
か	嘉	永	かえい	1848～1854 江戸
	嘉	応	かおう	1169～1171 平安
	嘉	吉	かきつ	1441～1444 室町
	嘉	慶	かきょう	1387～1389 北朝
	嘉	元	かげん	1303～1306 鎌倉
	嘉	祥	かしょう	848～ 851 平安
	嘉	承	かじょう	1106～1108 平安
	嘉	禎	かてい	1235～1238 鎌倉
	嘉	保	かほう	1094～1096 平安
	嘉	暦	かりゃく	1326～1329 鎌倉
	嘉	禄	かろく	1225～1227 鎌倉
	寛	永	かんえい	1624～1644 江戸
	寛	延	かんえん	1748～1751 江戸
	寛	喜	かんぎ	1229～1232 鎌倉
	元	慶	がんぎょう	877～ 885 平安
	寛	元	かんげん	1243～1247 鎌倉
	寛	弘	かんこう	1004～1012 平安
	寛	治	かんじ	1087～1094 平安
	寛	正	かんしょう	1460～1466 室町
	寛	政	かんせい	1789～1801 江戸
	寛	徳	かんとく	1044～1046 平安
	寛	和	かんな	985～ 987 平安
	寛	仁	かんにん	1017～1021 平安

日本年号の読み方

	観	応	かんのう	1350〜1352 北朝
	寛	平	かんぴょう	889〜898 平安
	寛	文	かんぶん	1661〜1673 江戸
	寛	保	かんぽう	1741〜1744 江戸
き	久	安	きゅうあん	1145〜1151 平安
	久	寿	きゅうじゅ	1154〜1156 平安
	享	徳	きょうとく	1452〜1455 室町
	享	保	きょうほう	1716〜1736 江戸
	享	禄	きょうろく	1528〜1532 室町
	享	和	きょうわ	1801〜1804 江戸
け	慶	安	けいあん	1648〜1652 江戸
	慶	雲	けいうん	704〜708 大和
	慶	応	けいおう	1865〜1868 江戸
	慶	長	けいちょう	1596〜1615 桃・江
	建	永	けんえい	1206〜1207 鎌倉
	元	永	げんえい	1118〜1120 平安
	元	応	げんおう	1319〜1321 鎌倉
	元	亀	げんき	1570〜1573 室町
	建	久	けんきゅう	1190〜1199 平・鎌
	元	久	げんきゅう	1204〜1206 鎌倉
	乾	元	けんげん	1302〜1303 鎌倉
	元	亨	げんこう	1321〜1324 鎌倉
	元	弘	げんこう	1331〜1334 南朝
	建	治	けんじ	1275〜1278 鎌倉
	元	治	げんじ	1864〜1865 江戸
	元	中	げんちゅう	1384〜1392 南朝
	建	長	けんちょう	1249〜1256 鎌倉
	建	徳	けんとく	1370〜1372 南朝
	元	徳	げんとく	⎰ 1329〜1331 鎌倉 ⎱ 1331〜1332 北朝
	元	和	げんな	1615〜1624 江戸

(五十音順)

	建	仁	けんにん	1201～1204 鎌倉
	元	仁	げんにん	1224～1225 鎌倉
	元	文	げんぶん	1736～1741 江戸
	建	保	けんぽ	1213～1219 鎌倉
	建	武	けんむ	1334～1336 南朝 / 1334～1338 北朝
	建	暦	けんりゃく	1211～1213 鎌倉
	元	暦	げんりゃく	1184～1185 平安
	元	禄	げんろく	1688～1704 江戸
こ	弘	安	こうあん	1278～1288 鎌倉
	康	安	こうあん	1361～1362 北朝
	康	永	こうえい	1342～1345 北朝
	康	応	こうおう	1389～1390 北朝
	弘	化	こうか	1844～1848 江戸
	康	元	こうげん	1256～1257 鎌倉
	興	国	こうこく	1340～1346 南朝
	弘	治	こうじ	1555～1558 室町
	康	治	こうじ	1142～1144 平安
	康	正	こうしょう	1455～1457 室町
	弘	長	こうちょう	1261～1264 鎌倉
	弘	仁	こうにん	810～ 824 平安
	康	平	こうへい	1058～1065 平安
	康	保	こうほう	964～ 968 平安
	康	暦	こうりゃく	1379～1381 北朝
	弘	和	こうわ	1381～1384 南朝
	康	和	こうわ	1099～1104 平安
さ	斉	衡	さいこう	854～ 857 平安
し	治	安	じあん	1021～1024 平安
	治	承	じしょう	1177～1181 平安
	至	徳	しとく	1384～1387 北朝
	寿	永	じゅえい	1182～1185 平安

し	朱	鳥	しゅちょう	686	大和
	正	安	しょうあん	1299〜1302	鎌倉
	承	安	じょうあん	1171〜1175	平安
	貞	永	じょうえい	1232〜1233	鎌倉
	正	応	しょうおう	1288〜1293	鎌倉
	承	応	じょうおう	1652〜1655	江戸
	貞	応	じょうおう	1222〜1224	鎌倉
	正	嘉	しょうか	1257〜1259	鎌倉
	貞	観	じょうがん	859〜877	平安
	承	久	じょうきゅう	1219〜1222	鎌倉
	正	慶	しょうきょう	1332〜1334	北朝
	貞	享	じょうきょう	1684〜1688	江戸
	正	元	しょうげん	1259〜1260	鎌倉
	承	元	じょうげん	1207〜1211	鎌倉
	貞	元	じょうげん	976〜978	平安
	正	治	しょうじ	1199〜1201	鎌倉
	貞	治	じょうじ	1362〜1368	北朝
	昌	泰	しょうたい	898〜901	平安
	正	中	しょうちゅう	1324〜1326	鎌倉
	正	長	しょうちょう	1428〜1429	室町
	正	徳	しょうとく	1711〜1716	江戸
	承	徳	じょうとく	1097〜1099	平安
	正	平	しょうへい	1346〜1370	南朝
	承	平	じょうへい	931〜938	平安
	正	保	しょうほ	1644〜1648	江戸
	承	保	じょうほう	1074〜1077	平安
	正	暦	しょうりゃく	990〜995	平安
	承	暦	じょうりゃく	1077〜1081	平安
	正	和	しょうわ	1312〜1317	鎌倉
	昭	和	しょうわ	1926〜1989	昭和
	承	和	じょうわ	834〜848	平安

(五十音順)

	貞	和	じょうわ	1345〜1350	北朝
	治	暦	じりゃく	1065〜1069	平安
	神	亀	じんき	724〜 729	奈良
	神護景雲		じんごけいうん	767〜 770	奈良
た	大	永	たいえい	1521〜1528	室町
	大	化	たいか	645〜 650	大和
	大	正	たいしょう	1912〜1926	大正
	大	治	だいじ	1126〜1131	平安
	大	同	だいどう	806〜 810	平安
	大	宝	たいほう	701〜 704	大和
ち	長	寛	ちょうかん	1163〜1165	平安
	長	久	ちょうきゅう	1040〜1044	平安
	長	享	ちょうきょう	1487〜1489	室町
	長	元	ちょうげん	1028〜1037	平安
	長	治	ちょうじ	1104〜1106	平安
	長	承	ちょうしょう	1132〜1135	平安
	長	徳	ちょうとく	995〜 999	平安
	長	保	ちょうほ	999〜1004	平安
	長	暦	ちょうりゃく	1037〜1040	平安
	長	祿	ちょうろく	1457〜1460	室町
	長	和	ちょうわ	1012〜1017	平安
て	天	安	てんあん	857〜 859	平安
	天	永	てんえい	1110〜1113	平安
	天	延	てんえん	973〜 976	平安
	天	喜	てんぎ	1053〜1058	平安
	天	慶	てんぎょう	938〜 947	平安
	天	元	てんげん	978〜 983	平安
	天	治	てんじ	1124〜1126	平安
	天	授	てんじゅ	1375〜1381	南朝
	天	正	てんしょう	1573〜1592	安・桃
	天	承	てんしょう	1131〜1132	平安

日本年号の読み方

	年号	読み	期間	時代
	天　長	てんちょう	824 ～ 834	平安
	天　徳	てんとく	957 ～ 961	平安
	天　和	てんな	1681 ～ 1684	江戸
	天　仁	てんにん	1108 ～ 1110	平安
	天　応	てんのう	781 ～ 782	奈良
	天　平	てんぴょう	729 ～ 749	奈良
	天平感宝	てんぴょうかんぽう	749	奈良
	天平勝宝	てんぴょうしょうほう	749 ～ 757	奈良
	天平神護	てんぴょうじんご	765 ～ 767	奈良
	天平宝字	てんぴょうほうじ	757 ～ 765	奈良
	天　福	てんぷく	1233 ～ 1234	鎌倉
	天　文	てんぶん	1532 ～ 1555	室町
	天　保	てんぽう	1830 ～ 1844	江戸
	天　明	てんめい	1781 ～ 1789	江戸
	天　養	てんよう	1144 ～ 1145	平安
	天　暦	てんりゃく	947 ～ 957	平安
	天　禄	てんろく	970 ～ 973	平安
と	徳　治	とくじ	1306 ～ 1308	鎌倉
に	仁　安	にんあん	1166 ～ 1169	平安
	仁　治	にんじ	1240 ～ 1243	鎌倉
	仁　寿	にんじゅ	851 ～ 854	平安
	仁　和	にんな	885 ～ 889	平安
	仁　平	にんぴょう	1151 ～ 1154	平安
は	白　雉	はくち	650 ～ 654	大和
ふ	文　安	ぶんあん	1444 ～ 1449	室町
	文　永	ぶんえい	1264 ～ 1275	鎌倉
	文　応	ぶんおう	1260 ～ 1261	鎌倉
	文　化	ぶんか	1804 ～ 1818	江戸
	文　亀	ぶんき	1501 ～ 1504	室町
	文　久	ぶんきゅう	1861 ～ 1864	江戸
	文　治	ぶんじ	1185 ～ 1190	鎌倉
	文　正	ぶんしょう	1466 ～ 1467	室町

(五十音順)

	文 政	ぶんせい	1818～1830	江戸
	文 中	ぶんちゅう	1372～1375	南朝
	文 和	ぶんな	1352～1356	北朝
	文 保	ぶんぽ(ぶんぽう)	1317～1319	鎌倉
	文 明	ぶんめい	1469～1487	室町
	文 暦	ぶんりゃく	1234～1235	鎌倉
	文 禄	ぶんろく	1592～1596	桃山
へ	平 治	へいじ	1159～1160	平安
	平 成	へいせい	1989～2019	平成
ほ	保 安	ほうあん	1120～1124	平安
	宝 永	ほうえい	1704～1711	江戸
	保 延	ほうえん	1135～1141	平安
	宝 亀	ほうき	770～780	奈良
	保 元	ほうげん	1156～1159	平安
	宝 治	ほうじ	1247～1249	鎌倉
	宝 徳	ほうとく	1449～1452	室町
	宝 暦	ほうれき	1751～1764	江戸
ま	万 延	まんえん	1860～1861	江戸
	万 治	まんじ	1658～1661	江戸
	万 寿	まんじゅ	1024～1028	平安
め	明 応	めいおう	1492～1501	室町
	明 治	めいじ	1868～1912	明治
	明 徳	めいとく	1390～1394	北朝
	明 暦	めいれき	1655～1658	江戸
	明 和	めいわ	1764～1772	江戸
よ	養 老	ようろう	717～724	奈良
	養 和	ようわ	1181～1182	平安
り	暦 応	りゃくおう	1338～1342	北朝
	暦 仁	りゃくにん	1238～1239	鎌倉
れ	霊 亀	れいき	715～717	奈良
	令 和	れいわ	2019～	令和
わ	和 銅	わどう	708～715	和・奈

安	天	安	857～59	平	応	天	応	781～82	奈
	治	安	1021～24	平		嘉	応	1169～71	平
	保	安	1120～24	平		貞	応	1222～24	鎌
	久	安	1145～51	平		延	応	1239～40	鎌
	仁	安	1166～69	平		文	応	1260～61	鎌
	承	安	1171～75	平		正	応	1288～93	鎌
	弘	安	1278～88	鎌		元	応	1319～21	鎌
	正	安	1299～02	鎌		暦	応	1338～42	北
	康	安	1361～62	北		観	応	1350～52	北
	応	安	1368～75	北		康	応	1389～90	北
	文	安	1444～49	室		明	応	1492～01	室
	慶	安	1648～52	江		承	応	1652～55	江
雲	慶	雲	704～08	和		慶	応	1865～68	江
永	天	永	1110～13	平	化	大	化	645～50	和
	元	永	1118～20	平		文	化	1804～18	江
	寿	永	1182～85	平		弘	化	1844～48	江
	建	永	1206～07	鎌	嘉	正	嘉	1257～59	鎌
	貞	永	1232～33	鎌	観	貞	観	859～77	平
	文	永	1264～75	鎌		永	観	983～85	平
	康	永	1342～45	北	寛	長	寛	1163～65	平
	応	永	1394～28	室	喜	延	喜	901～23	平
	大	永	1521～28	室		天	喜	1053～58	平
	寛	永	1624～44	江		寛	喜	1229～32	鎌
	宝	永	1704～11	江	亀	霊	亀	715～17	奈
	安	永	1772～81	江		神	亀	724～29	奈
	嘉	永	1848～54	江		宝	亀	770～80	奈
延	天	延	973～76	平		文	亀	1501～04	室
	永	延	987～89	平		元	亀	1570～73	室
	保	延	1135～41	平	吉	嘉	吉	1441～44	室
	寛	延	1748～51	江	久	長	久	1040～44	平
	万	延	1860～61	江		延	久	1069～74	平

*二つの時代にわたる場合は前の時代に入れた。

く 日 本 年 号

	永	久	1113~18	平	**国**	興	国	1340~46	南
	建	久	1190~99	平	**治**	寛	治	1087~94	平
	元	久	1204~06	鎌		長	治	1104~06	平
	承	久	1219~22	鎌		天	治	1124~26	平
	文	久	1861~64	江		大	治	1126~31	平
享	永	享	1429~41	室		永	治	1141~42	平
	長	享	1487~89	室		康	治	1142~44	平
	貞	享	1684~88	江		平	治	1159~60	平
	延	享	1744~48	江		文	治	1185~90	鎌
慶	元	慶	877~85	平		正	治	1199~01	鎌
	天	慶	938~47	平		仁	治	1240~43	鎌
	延	慶	1308~11	鎌		宝	治	1247~49	鎌
	正	慶	1332~34	北		建	治	1275~78	鎌
	嘉	慶	1387~89	北		徳	治	1306~08	鎌
元	貞	元	976~78	平		貞	治	1362~68	北
	天	元	978~83	平		弘	治	1555~58	室
	長	元	1028~37	平		万	治	1658~61	江
	保	元	1156~59	平		元	治	1864~65	江
	安	元	1175~77	平		明	治	1868~12	明
	承	元	1207~11	鎌	**寿**	仁	寿	851~54	平
	寛	元	1243~47	鎌		万	寿	1024~28	平
	康	元	1256~57	鎌		久	寿	1154~56	平
	正	元	1259~60	鎌	**授**	天	授	1375~81	南
	乾	元	1302~03	鎌	**承**	永	承	1046~53	平
	嘉	元	1303~06	鎌		嘉	承	1106~08	平
	延	元	1336~40	南		天	承	1131~32	平
護	神護景雲		767~70	奈		長	承	1132~35	平
弘	寛	弘	1004~12	平		治	承	1177~81	平
	元	弘	1331~34	南	**祥**	嘉	祥	848~51	平
亨	元	亨	1321~24	鎌	**正**	康	正	1455~57	室
衡	斉	衡	854~57	平		寛	正	1460~66	室

	文	正	1466~67	室	承	徳	1097~99	平
	永	正	1504~21	室	元	徳	1329~31	鎌
	天	正	1573~92	桃	建	徳	1370~72	南
	大	正	1912~26	大	永	徳	1381~84	北
成	平	成	1989~19	平	至	徳	1384~87	北
政	寛	政	1789~01	江	明	徳	1390~94	北
	文	政	1818~30	江	宝	徳	1449~52	室
	安	政	1854~60	江	享	徳	1452~55	室
祚	永	祚	989~90	平	延	徳	1489~92	室
泰	昌	泰	898~01	平	正	徳	1711~16	江
雉	白雉(白鳳)		650~54	和	**仁** 弘	仁	810~24	平
中	正	中	1324~26	鎌	寛	仁	1017~21	平
	文	中	1372~75	南	天	仁	1108~10	平
	元	中	1384~92	南	建	仁	1201~04	鎌
長	天	長	824~34	平	元	仁	1224~25	鎌
	延	長	923~31	平	暦	仁	1238~39	鎌
	永	長	1096~97	平	永	仁	1293~99	鎌
	建	長	1249~56	鎌	応	仁	1467~69	室
	弘	長	1261~64	鎌	**福** 天	福	1233~34	鎌
	応	長	1311~12	鎌	**文** 延	文	1356~61	北
	正	長	1428~29	室	天	文	1532~55	室
	慶	長	1596~15	桃	寛	文	1661~73	江
鳥	朱鳥(朱雀)		686	和	元	文	1736~41	江
貞	安	貞	1227~29	鎌	**平** 天	平	729~49	奈
禎	嘉	禎	1235~38	鎌	天平感宝		749	奈
同	大	同	806~10	平	天平勝宝		749~57	奈
銅	和	銅	708~15	平	天平宝字		757~65	奈
徳	天	徳	957~61	平	天平神護		765~67	奈
	長	徳	995~99	平	寛	平	889~98	平
	寛	徳	1044~46	平	承	平	931~38	平
	応	徳	1084~87	平	康	平	1058~65	平

日本年号

	仁	平	1151～54	平		嘉	暦	1326～29	鎌
	正	平	1346～70	南		康	暦	1379～81	北
保	康	保	964～68	平		明	暦	1655～58	江
	長	保	999～04	平		宝	暦	1751～64	江
	承	保	1074～77	平	老	養	老	717～24	奈
	永	保	1081～84	平	禄	天	禄	970～73	平
	嘉	保	1094～96	平		嘉	禄	1225～27	鎌
	応	保	1161～63	平		長	禄	1457～60	室
	建	保	1213～19	鎌		享	禄	1528～32	室
	文	保	1317～19	鎌		永	禄	1558～70	室
	正	保	1644～48	江		文	禄	1592～96	桃
	享	保	1716～36	江		元	禄	1688～04	江
	寛	保	1741～44	江	和	承	和	834～48	平
	天	保	1830～44	江		仁	和	885～89	平
宝	大	宝	701～04	和		応	和	961～64	平
	延	宝	1673～81	江		安	和	968～70	平
万	永	万	1165～66	平		寛	和	985～87	平
武	建	武	1334～36	南		長	和	1012～17	平
明	文	明	1469～87	室		康	和	1099～04	平
	天	明	1781～89	江		養	和	1181～82	平
養	天	養	1144～45	平		正	和	1312～17	鎌
暦	延	暦	782～06	奈		貞	和	1345～50	北
	天	暦	947～57	平		文	和	1352～56	北
	正	暦	990～95	平		永	和	1375～79	北
	長	暦	1037～40	平		弘	和	1381～84	南
	治	暦	1065～69	平		元	和	1615～24	江
	承	暦	1077～81	平		天	和	1681～84	江
	永	暦	1160～61	平		明	和	1764～72	江
	元	暦	1184～85	平		享	和	1801～04	江
	建	暦	1211～13	鎌		昭	和	1926～89	昭
	文	暦	1234～35	鎌		令	和	2019～	令

十干十二支による

干支	和訓	1204〜	1264〜	1324〜	1384〜
甲子	きのえ　ね	04 元久	64 文永	24 正中	84 元中/至徳 9
乙丑	きのと　うし	05 ② 7	65 ② 4	25 ② 1	85 ②②
丙寅	ひのえ　とら	06 建永	66 ③	26 嘉暦	86 ③③
丁卯	ひのと　う	07 承元	67 ④	27 ② 9	87 (嘉慶) 5
戊辰	つちのえたつ	08 ② 4	68 ⑤ 1	28 ③	88 ⑤②
己巳	つちのと　み	09 ③	69 ⑥	29 元徳	89 (康応)
庚午	かのえ　うま	10 ④	70 ⑦ 9	30 ② 6	90 (明徳) 3
辛未	かのとひつじ	11 建暦 1	71 ⑧	31 元弘	91 ⑧②
壬申	みずのえさる	12 ②	72 ⑨	32 (正慶)	92 ⑨③ 10
癸酉	みずのととり	13 建保 9	73 ⑩ 5	33 ③② 3	93 ④
甲戌	きのえ　いぬ	14 ②	74 ⑪	34 建武	94 応永
乙亥	きのと　い	15 ③	75 建治	35 ②⑩	95 ② 7
丙子	ひのえ　ね	16 ④ 6	76 ② 3	36 延元	96 ③
丁丑	ひのと　うし	17 ⑤	77 ③	37 ②④	97 ④
戊寅	つちのえとら	18 ⑥	78 弘安 10	38 (暦応) 7	98 ⑤ 4
己卯	つちのと　う	19 承久 2	79 ②	39 ④②	99 ⑥
庚辰	かのえ　たつ	20 ②	80 ③	40 興国	00 ⑦
辛巳	かのと　み	21 ③ 10	81 ④ 4	41 ②④ 4	01 ⑧ 1
壬午	みずのえうま	22 貞応	82 ⑤	42 (康永)	02 ⑨
癸未	みずのとひつじ	23 ②	83 ⑥	43 ④②	03 ⑩ 10
甲申	きのえ　さる	24 元仁 7	84 ⑦ 4	44 ⑤③ 2	04 ⑪
乙酉	きのと　とり	25 嘉禄	85 ⑧	45 (貞和)	05 ⑫
丙戌	ひのえ　いぬ	26 ②	86 ⑨ 12	46 正平 9	06 ⑬ 6
丁亥	ひのと　い	27 安貞 3	87 ⑩	47 ②③	07 ⑭
戊子	つちのえ　ね	28 ②	88 正応	48 ③④	08 ⑮
己丑	つちのとうし	29 寛喜	89 ② 10	49 ④⑤ 6	09 ⑯ 6
庚寅	かのえ　とら	30 ② 1	90 ③	50 (観応)	10 ⑰
辛卯	かのと　う	31 ③	91 ④	51 ⑥② 10	11 ⑱ 10
壬辰	みずのえたつ	32 貞永 7	92 ⑤ 6	52 (文和) 2	12 ⑲
癸巳	みずのと　み	33 天福	93 永仁	53 ⑧②	13 ⑳
		↳P. 27	↳P. 27	↳P. 27	↳P. 27

＊日本年号の次の小数字は閏月 例 一二〇五年（元久二年）は七月の次に閏七月があった。

紀年法（1204年〜1443年）　（ ）・□は北朝年号　27

*一三九二年（南朝＝元中九年、北朝＝明徳三年）南北朝合一、翌年は明徳四年。

干支	和訓	1234〜	1294〜	1354〜	1414〜
甲午	きのえ　うま	34 文暦	94 ②	54 ⑨③ 10	14 ㉑ 7
乙未	きのとひつじ	35 嘉禎 6	95 ③ 2	55 ⑩④	15 ㉒
丙申	ひのえ　さる	36 ②	96 ④	56 (延文)	16 ㉓
丁酉	ひのと　とり	37 ③	97 ⑤ 10	57 ⑫② 7	17 ㉔ 5
戊戌	つちのえいぬ	38 暦仁 2	98 ⑥	58 ⑬③	18 ㉕
己亥	つちのと　い	39 延応	99 正安	59 ⑭④	19 ㉖
庚子	かのえ　ね	40 仁治 10	00 ② 7	60 ⑮⑤ 4	20 ㉗ 1
辛丑	かのと　うし	41 ②	01 ③	61 (康安)	21 ㉘
壬寅	みずのえとら	42 ③	02 乾元	62 (貞治)	22 ㉙ 10
癸卯	みずのと　う	43 寛元 7	03 嘉元 4	63 ⑰② 1	23 ㉚
甲辰	きのえ　たつ	44 ②	04 ②	64 ⑱③	24 ㉛
乙巳	きのと　み	45 ③	05 ③ 12	65 ⑲④ 9	25 ㉜ 6
丙午	ひのえ　うま	46 ④	06 徳治	66 ⑳⑤	26 ㉝
丁未	ひのとひつじ	47 宝治	07 ②	67 ㉑⑥	27 ㉞
戊申	つちのえさる	48 ② 12	08 延慶 8	68 (応安)	28 正長
己酉	つちのととり	49 建長	09 ②	69 ㉔②	29 永享
庚戌	かのえ　いぬ	50 ②	10 ③	70 建徳	30 ② 11
辛亥	かのと　い	51 ③ 9	11 応長	71 ②④ 3	31 ③
壬子	みずのえ　ね	52 ④	12 正和	72 文中	32 ④
癸丑	みずのとうし	53 ⑤	13 ②	73 ㉖⑤ 10	33 ⑤ 7
甲寅	きのえ　とら	54 ⑥	14 ③	74 ③⑦	34 ⑥
乙卯	きのと　う	55 ⑦	15 ④	75 天授・(永和)	35 ⑦
丙辰	ひのえ　たつ	56 康元	16 ⑤ 10	76 ②② 7	36 ⑧ 5
丁巳	ひのと　み	57 正嘉 3	17 文保	77 ③③	37 ⑨
戊午	つちのえうま	58 ②	18 ②	78 ④④	38 ⑩
己未	つちのとひつじ	59 正元 10	19 元応 7	79 (康暦) 4	39 ⑪ 1
庚申	かのえ　さる	60 文応	20 ②	80 ⑥②	40 ⑫
辛酉	かのと　とり	61 弘長	21 元亨	81 弘和・(永徳)	41 嘉吉
壬戌	みずのえいぬ	62 ② 7	22 ② 5	82 ②② 1	42 ②
癸亥	みずのと　い	63 ③	23 ③	83 ③③	43 ③

P.26 ↙　P.26 ↙　P.26 ↙　↳P.28

十干十二支による

干支	和訓	1444〜	1504〜	1564〜	1624〜
甲子	きのえ　ね	44 文安 ⑥	04 永正 ③	64 永禄	24 寛永
乙丑	きのと　うし	45 ②	05 ②	65 ⑧	25 ②
丙寅	ひのえ　とら	46 ③	06 ③ 11	66 ⑨ 8	26 ③
丁卯	ひのと　う	47 ④ 2	07 ④	67 ⑩	27 ④
戊辰	つちのえたつ	48 ⑤	08 ⑤	68 ⑪	28 ⑤
己巳	つちのと　み	49 宝徳 10	09 ⑥ 8	69 ⑫ 5	29 ⑥ 2
庚午	かのえ　うま	50 ②	10 ⑦	70 元亀	30 ⑦
辛未	かのとひつじ	51 ③	11 ⑧	71 ②	31 ⑧ 10
壬申	みずのえさる	52 享徳 8	12 ⑨ 4	72 ③ 1	32 ⑨
癸酉	みずのととり	53 ②	13 ⑩	73 天正	33 ⑩
甲戌	きのえ　いぬ	54 ③	14 ⑪	74 ② 11	34 ⑪ 7
乙亥	きのと　い	55 康正 4	15 ⑫ 2	75 ③	35 ⑫
丙子	ひのえ　ね	56 ②	16 ⑬	76 ④	36 ⑬
丁丑	ひのと　うし	57 長禄	17 ⑭ 10	77 ⑤ 7	37 ⑭ 3
戊寅	つちのえとら	58 ② 1	18 ⑮	78 ⑥	38 ⑮
己卯	つちのと　う	59 ③	19 ⑯	79 ⑦	39 ⑯ 11
庚辰	かのえ　たつ	60 寛正 9	20 ⑰ 6	80 ⑧ 3	40 ⑰
辛巳	かのと　み	61 ②	21 大永	81 ⑨	41 ⑱
壬午	みずのえうま	62 ③	22 ②	82 ⑩	42 ⑲ 6
癸未	みずのとひつじ	63 ④ 6	23 ③	83 ⑪ 1	43 ⑳
甲申	きのえ　さる	64 ⑤	24 ④	84 ⑫	44 正保
乙酉	きのと　とり	65 ⑥	25 ⑤ 11	85 ⑬ 8	45 ② 5
丙戌	ひのえ　いぬ	66 文正 2	26 ⑥	86 ⑭	46 ③
丁亥	ひのと　い	67 応仁	27 ⑦	87 ⑮	47 ④
戊子	つちのえ　ね	68 ② 10	28 享禄 9	88 ⑯ 5	48 慶安 1
己丑	つちのとうし	69 文明	29 ②	89 ⑰	49 ②
庚寅	かのえ　とら	70 ②	30 ③	90 ⑱	50 ③ 10
辛卯	かのと　う	71 ③ 8	31 ④ 5	91 ⑲ 1	51 ④
壬辰	みずのえたつ	72 ④	32 天文	92 文禄	52 承応
癸巳	みずのと　み	73 ⑤	33 ②	93 ② 9	53 ② 6

└P.29　└P.29　└P.29　└P.29

※閏月に　およそ三カ月め　三四カ月めにまわってくる。

紀年法（1444年～1683年）

干支	和　訓	1474～	1534～	1594～	1654～
甲午	きのえ　うま	74 ⑥ 5	34 ③ 1	94 ③	54 ③
乙未	きのと ひつじ	75 ⑦	35 ④	95 ④	55 明暦
丙申	ひのえ　さる	76 ⑧	36 ⑤10	96 慶長 7	56 ② 4
丁酉	ひのと　とり	77 ⑨ 1	37 ⑥	97 ②	57 ③
戊戌	つちのえ いぬ	78 ⑩	38 ⑦	98 ③	58 万治12
己亥	つちのと　い	79 ⑪ 9	39 ⑧ 6	99 ④ 3	59 ②
庚子	かのえ　ね	80 ⑫	40 ⑨	00 ⑤	60 ③
辛丑	かのと　うし	81 ⑬	41 ⑩	01 ⑥11	61 寛文 8
壬寅	みずのえ とら	82 ⑭ 7	42 ⑪ 3	02 ⑦	62 ②
癸卯	みずのと　う	83 ⑮	43 ⑫	03 ⑧	63 ③
甲辰	きのえ　たつ	84 ⑯	44 ⑬11	04 ⑨ 8	64 ④ 5
乙巳	きのと　み	85 ⑰ 3	45 ⑭	05 ⑩	65 ⑤
丙午	ひのえ　うま	86 ⑱	46 ⑮	06 ⑪	66 ⑥
丁未	ひのと ひつじ	87 長享11	47 ⑯ 7	07 ⑫ 4	67 ⑦ 2
戊申	つちのえ さる	88 ②	48 ⑰	08 ⑬	68 ⑧
己酉	つちのと とり	89 延徳	49 ⑱	09 ⑭	69 ⑨10
庚戌	かのえ いぬ	90 ② 8	50 ⑲ 5	10 ⑮ 2	70 ⑩
辛亥	かのと　い	91 ③	51 ⑳	11 ⑯	71 ⑪
壬子	みずのえ ね	92 明応	52 ㉑	12 ⑰10	72 ⑫ 6
癸丑	みずのと うし	93 ② 4	53 ㉒ 1	13 ⑱	73 延宝
甲寅	きのえ　とら	94 ③	54 ㉓	14 ⑲	74 ②
乙卯	きのと　う	95 ④	55 弘治10	15 元和 6	75 ③ 4
丙辰	ひのえ　たつ	96 ⑤ 2	56 ②	16 ②	76 ④
丁巳	ひのと　み	97 ⑥	57 ③	17 ③	77 ⑤12
戊午	つちのえ うま	98 ⑦10	58 永禄 6	18 ④ 3	78 ⑥
己未	つちのと ひつじ	99 ⑧	59 ②	19 ⑤	79 ⑦
庚申	かのえ　さる	00 ⑨	60 ③	20 ⑥12	80 ⑧ 8
辛酉	かのと　とり	01 文亀 6	61 ④ 3	21 ⑦	81 天和
壬戌	みずのえ いぬ	02 ②	62 ⑤	22 ⑧	82 ②
癸亥	みずのと　い	03 ③	63 ⑥12	23 ⑨ 8	83 ③ 5
		P.28 ↲	P.28 ↲	P.28 ↲	↳P.30

30   十干十二支による

干支	和訓	1684～	1744～	1804～	1864～
甲子	きのえ　ね	84 貞享	44 延享	04 文化	64 元治
乙丑	きのと　うし	85 ②	45 ② 12	05 ② 8	65 慶応
丙寅	ひのえ　とら	86 ③ 3	46 ③	06 ③	66 ②
丁卯	ひのえ　う	87 ④	47 ④	07 ④	67 ③
戊辰	つちのえたつ	88 元禄	48 寛延 10	08 ⑤ 6	68 明治 4
己巳	つちのと　み	89 ② 1	49 ②	09 ⑥	69 ②
庚午	かのえ　うま	90 ③	50 ③	10 ⑦	70 ③ 10
辛未	かのとひつじ	91 ④ 8	51 宝暦 6	11 ⑧ 2	71 ④
壬申	みずのえさる	92 ⑤	52 ②	12 ⑨	72 ⑤
癸酉	みずのととり	93 ⑥	53 ③	13 ⑩ 11	73 ⑥
甲戌	きのえ　いぬ	94 ⑦ 5	54 ④ 2	14 ⑪	74 ⑦
乙亥	きのと　い	95 ⑧	55 ⑤	15 ⑫	75 ⑧
丙子	ひのえ　ね	96 ⑨	56 ⑥ 11	16 ⑬ 8	76 ⑨
丁丑	ひのと　うし	97 ⑩ 2	57 ⑦	17 ⑭	77 ⑩
戊寅	つちのえとら	98 ⑪	58 ⑧	18 文政	78 ⑪
己卯	つちのと　う	99 ⑫ 9	59 ⑨ 7	19 ② 4	79 ⑫
庚辰	かのえ　たつ	00 ⑬	60 ⑩	20 ③	80 ⑬
辛巳	かのと　み	01 ⑭	61 ⑪	21 ④	81 ⑭
壬午	みずのえうま	02 ⑮ 8	62 ⑫ 4	22 ⑤ 1	82 ⑮
癸未	みずのとひつじ	03 ⑯	63 ⑬	23 ⑥	83 ⑯
甲申	きのえ　さる	04 宝永	64 明和 12	24 ⑦ 8	84 ⑰
乙酉	きのと　とり	05 ② 4	65 ②	25 ⑧	85 ⑱
丙戌	ひのえ　いぬ	06 ③	66 ③	26 ⑨	86 ⑲
丁亥	ひのと　い	07 ④	67 ④ 9	27 ⑩ 6	87 ⑳
戊子	つちのえ　ね	08 ⑤ 1	68 ⑤	28 ⑪	88 ㉑
己丑	つちのとうし	09 ⑥	69 ⑥	29 ⑫	89 ㉒
庚寅	かのえ　とら	10 ⑦ 8	70 ⑦ 6	30 天保 3	90 ㉓
辛卯	かのと　う	11 正徳	71 ⑧	31 ②	91 ㉔
壬辰	みずのえたつ	12 ②	72 安永	32 ③ 11	92 ㉕
癸巳	みずのと　み	13 ③ 5	73 ② 3	33 ④	93 ㉖
		↳P.31	↳P.31	↳P.31	↳P.31

＊太陰暦の明治五年十二月三日を太陽暦の六年一月一日とした。

紀年法(1684年～1923年)

※一九二四年(大正一三年)以降は、見返裏の干支対照表参照。

干支	和訓	1714～	1774～	1834～	1894～
甲午	きのえ うま	14 ④	74 ③	34 ⑤	94 ㉗
乙未	きのと ひつじ	15 ⑤	75 ④12	35 ⑥ 7	95 ㉘
丙申	ひのえ さる	16 享保2	76 ⑤	36 ⑦	96 ㉙
丁酉	ひのと とり	17 ②	77 ⑥	37 ⑧	97 ㉚
戊戌	つちのえ いぬ	18 ③10	78 ⑦ 7	38 ⑨ 4	98 ㉛
己亥	つちのと い	19 ④	79 ⑧	39 ⑩	99 ㉜
庚子	かのえ ね	20 ⑤	80 ⑨	40 ⑪	00 ㉝
辛丑	かのと うし	21 ⑥ 7	81 天明 5	41 ⑫ 1	01 ㉞
壬寅	みずのえ とら	22 ⑦	82 ②	42 ⑬	02 ㉟
癸卯	みずのと う	23 ⑧	83 ③	43 ⑭ 9	03 ㊱
甲辰	きのえ たつ	24 ⑨ 4	84 ④ 1	44 弘化	04 ㊲
乙巳	きのと み	25 ⑩	85 ⑤	45 ②	05 ㊳
丙午	ひのえ うま	26 ⑪	86 ⑥10	46 ③ 5	06 ㊴
丁未	ひのと ひつじ	27 ⑫ 1	87 ⑦	47 ④	07 ㊵
戊申	つちのえ さる	28 ⑬	88 ⑧	48 嘉永	08 ㊶
己酉	つちのと とり	29 ⑭ 9	89 寛政 6	49 ② 4	09 ㊷
庚戌	かのえ いぬ	30 ⑮	90 ②	50 ③	10 ㊸
辛亥	かのと い	31 ⑯	91 ③	51 ④	11 ㊹
壬子	みずのえ ね	32 ⑰ 5	92 ④ 3	52 ⑤ 4	12 大正
癸丑	みずのと うし	33 ⑱	93 ⑤	53 ⑥	13 ②
甲寅	きのえ とら	34 ⑲	94 ⑥11	54 安政 7	14 ③
乙卯	きのと う	35 ⑳ 3	95 ⑦	55 ②	15 ④
丙辰	ひのえ たつ	36 元文	96 ⑧	56 ③	16 ⑤
丁巳	ひのと み	37 ②11	97 ⑨ 7	57 ④ 5	17 ⑥
戊午	つちのえ うま	38 ③	98 ⑩	58 ⑤	18 ⑦
己未	つちのと ひつじ	39 ④	99 ⑪	59 ⑥	19 ⑧
庚申	かのえ さる	40 ⑤ 7	00 ⑫ 4	60 万延	20 ⑨
辛酉	かのと とり	41 寛保	01 享和	61 文久	21 ⑩
壬戌	みずのえ いぬ	42 ②	02 ②	62 ② 8	22 ⑪
癸亥	みずのと い	43 ③ 4	03 ③ 1	63 ③	23 ⑫
		P.30 ⤶	P.30 ⤶	P.30 ⤶	

天皇（第1代～第43代）

代数	天皇名	即位～退位
1	神武（じんむ）	前660～前585
2	綏靖（すいぜい）	前581～前549
3	安寧（あんねい）	前549～前511
4	懿徳（いとく）	前510～前477
5	孝昭（こうしょう）	前475～前393
6	孝安（こうあん）	前392～前291
7	孝霊（こうれい）	前290～前215
8	孝元（こうげん）	前214～前158
9	開化（かいか）	前158～前98
10	崇神（すじん）	前97～前30
11	垂仁（すいにん）	前29～70
12	景行（けいこう）	71～130
13	成務（せいむ）	131～190
14	仲哀（ちゅうあい）	192～200
15	応神（おうじん）	270～310
16	仁徳（にんとく）	313～399
17	履中（りちゅう）	400～405
18	反正（はんぜい）	406～410
19	允恭（いんぎょう）	412～453
20	安康（あんこう）	453～456
21	雄略（ゆうりゃく）	456～479
22	清寧（せいねい）	480～484
23	顕宗（けんぞう）	485～487
24	仁賢（にんけん）	488～498
25	武烈（ぶれつ）	498～506
26	継体（けいたい）	507～531
27	安閑（あんかん）	531～535
28	宣化（せんか）	535～539
29	欽明（きんめい）	539～571
30	敏達（びだつ）	572～585
31	用明（ようめい）	585～587
32	崇峻（すしゅん）	587～592
○33	推古（すいこ）	592～628
34	舒明（じょめい）	629～641
○35	皇極（こうぎょく）	642～645
36	孝徳（こうとく）	645～654
○37	斉明（さいめい）	655～661
38	天智（てんじ）	668～671
39	弘文（こうぶん）	671～672
40	天武（てんむ）	673～686
○41	持統（じとう）	690～697
42	文武（もんむ）	697～707
○43	元明（げんめい）	707～715

古代は『日本書紀』による。14代と15代の間、神功皇后摂政。

天　　皇（第44代～第86代）

代数	天皇名	即位～退位		代数	天皇名	即位～退位
○44	元正(げんしょう)	715～724		65	花山(かざん)	984～986
45	聖武(しょうむ)	724～749		66	一条(いちじょう)	986～1011
○46	孝謙(こうけん)	749～758		67	三条(さんじょう)	1011～1016
47	淳仁(じゅんにん)	758～764		68	後一条(ごいちじょう)	1016～1036
○48	称徳(しょうとく)←	764～770		69	後朱雀(ごすざく)	1036～1045
49	光仁(こうにん)	770～781		70	後冷泉(ごれいぜい)	1045～1068
50	桓武(かんむ)	781～806		71	後三条(ごさんじょう)	1068～1072
51	平城(へいぜい)	806～809		72	白河(しらかわ)	1072～1086
52	嵯峨(さが)	809～823		73	堀河(ほりかわ)	1086～1107
53	淳和(じゅんな)	823～833		74	鳥羽(とば)	1107～1123
54	仁明(にんみょう)	833～850		75	崇徳(すとく)	1123～1141
55	文徳(もんとく)	850～858		76	近衛(このえ)	1141～1155
56	清和(せいわ)	858～876		77	後白河(ごしらかわ)	1155～1158
57	陽成(ようぜい)	877～884		78	二条(にじょう)	1158～1165
58	光孝(こうこう)	884～887		79	六条(ろくじょう)	1165～1168
59	宇多(うだ)	887～897		80	高倉(たかくら)	1168～1180
60	醍醐(だいご)	897～930		81	安徳(あんとく)	1180～1185
61	朱雀(すざく)	930～946		82	後鳥羽(ごとば)	1184～1198
62	村上(むらかみ)	946～967		83	土御門(つちみかど)	1198～1210
63	冷泉(れいぜい)	967～969		84	順徳(じゅんとく)	1210～1221
64	円融(えんゆう)	969～984		85	仲恭(ちゅうきょう)	1221～1221
				86	後堀河(ごほりかわ)	1221～1232

○印女帝　　……重祚（ちょうそ）

天　　皇（第87代～第126代）

代数	天皇名	即位～退位
87	四　条	1232～1242
88	後嵯峨	1242～1246
89	後深草	1246～1259
90	亀　山	1259～1274
91	後宇多	1274～1287
92	伏　見	1288～1298
93	後伏見	1298～1301
94	後二条	1301～1308
95	花　園	1308～1318
96	後醍醐	1318～1339
97	後村上	1339～1368
98	長　慶	1368～1383
99	後亀山	1383～1392
北朝	光　厳	1332～1333
北朝	光　明	1337～1348
北朝	崇　光	1349～1351
北朝	後光厳	1353～1371
北朝	後円融	1374～1382
100	後小松	1382～1412
101	称　光	1414～1428
102	後花園	1429～1464
103	後土御門	1465～1500
104	後柏原	1521～1526
105	後奈良	1536～1557
106	正親町	1560～1586
107	後陽成	1586～1611
108	後水尾	1611～1629
○109	明　正	1630～1643
110	後光明	1643～1654
111	後　西	1656～1663
112	霊　元	1663～1687
113	東　山	1687～1709
114	中御門	1710～1735
115	桜　町	1735～1747
116	桃　園	1747～1762
○117	後桜町	1763～1770
118	後桃園	1771～1779
119	光　格	1780～1817
120	仁　孝	1817～1846
121	孝　明	1847～1866
122	明　治	1868～1912
123	大　正	1915～1926
124	昭　和	1928～1989
125	平　成	1990～2019
126	今　上	2019～

＊戦乱などのため，即位までに長年月を要したこともある。

院　政・摂　政・関　白

院　　　政（主要）

上皇名	在位期間		
白　　　河	1086〜1129	亀　　　山	1274〜1287
鳥　　　羽	1129〜1156	後　深　草	1287〜1290
後　白　河	1158〜1179	伏　　　見	1298〜1301
高　　　倉	1180〜1180	後　宇　多	1301〜1308
後　白　河	1181〜1192	伏　　　見	1308〜1313
後　鳥　羽	1198〜1221	後　伏　見	1313〜1318
後　高　倉	1221〜1223	後　宇　多	1318〜1321
後　堀　河	1232〜1234	後　伏　見	1331〜1333

後嵯峨　1246〜1272

摂　政・関　白（主要）　　○＝関白

氏　名	在職期間		
藤原良房	858〜 872	藤原教通○	1068〜1075
藤原基経	872〜 880	藤原師実○	1075〜1086
藤原基経○	880〜 890	藤原師実	1086〜1090
藤原忠平	930〜 941	藤原師実	1090〜1094
藤原忠平○	941〜 949	藤原師通	1094〜1099
藤原実頼○	967〜 969	藤原忠実○	1105〜1107
藤原実頼	969〜 970	藤原忠実	1107〜1113
藤原伊尹	970〜 972	藤原忠実○	1113〜1121
藤原兼通○	972〜 977	藤原忠通○	1121〜1123
藤原頼忠○	977〜 986	藤原忠通	1123〜1129
藤原兼家	986〜 990	藤原忠通	1129〜1141
藤原兼家	990〜 990	藤原忠通	1141〜1150
藤原道隆○	990〜 990	藤原忠通	1150〜1158
藤原道隆	990〜 993	藤原基実	1158〜1165
藤原道隆○	993〜 995	藤原基実	1165〜1166
藤原道兼○	995〜 995	藤原基房	1166〜1172
藤原道長	1015〜1016	藤原基房○	1172〜1179
藤原道長	1016〜1017	藤原基通○	1179〜1180
藤原頼通	1017〜1019	藤原基通	1180〜1183
藤原頼通○	1019〜1067	藤原師家	1183〜1184
		藤原基通	1184〜1186

36 鎌倉幕府の将軍・執権　室町幕府の将軍

藤原兼実	1186〜1191	近衛家実○	1206〜1221
藤原兼実○	1191〜1196	九条道家	1221〜1221
藤原基通○	1196〜1198	近衛家実	1221〜1223
藤原基通	1198〜1202	近衛家実○	1223〜1228
九条良経	1202〜1206	（以下略）	
近衛家実	1206〜1206		

《将軍》　鎌　倉　幕　府

代・氏　名	在職期間	5 藤原頼嗣	1244〜1252
1 源　頼朝	1192〜1199	6 宗尊親王	1252〜1266
2 源　頼家	1202〜1203	7 惟康親王	1266〜1289
3 源　実朝	1203〜1219	8 久明親王	1289〜1308
4 藤原頼経	1226〜1244	9 守邦親王	1308〜1333

《執権》

北条　時政	1203〜1205	北条　貞時	1284〜1301
北条　義時	1205〜1224	北条　師時	1301〜1311
北条　泰時	1224〜1242	北条　宗宣	1311〜1312
北条　経時	1242〜1246	北条　熙時	1312〜1315
北条　時頼	1246〜1256	北条　基時	1315〜1315
北条　長時	1256〜1264	北条　高時	1316〜1326
北条　政村	1264〜1268	金沢　貞顕	1326〜1326
北条　時宗	1268〜1284	北条　守時	1327〜1333

《将軍》　室　町　幕　府

代・氏　名	在職期間	9 足利義尚	1473〜1489
1 足利尊氏	1338〜1358	10 足利義稙	1490〜1493
2 足利義詮	1358〜1367	11 足利義澄	1494〜1508
3 足利義満	1368〜1394	再 足利義稙	1508〜1521
4 足利義持	1394〜1423	12 足利義晴	1521〜1546
5 足利義量	1423〜1425	13 足利義輝	1546〜1565
6 足利義教	1429〜1441	14 足利義栄	1568〜1568
7 足利義勝	1442〜1443	15 足利義昭	1568〜1573
8 足利義政	1449〜1473		

室町幕府の執事・管領　江戸幕府の将軍

《執事・管領》

氏　　名	在職期間	氏　　名	在職期間
高　師直	1336～1349	細川　持之	1432～1442
高　師世	1349～1349	畠山　持国	1442～1445
高　師直	1349～1351	細川　勝元	1445～1449
仁木　頼章	1351～1358	畠山　持国	1449～1452
細川　清氏	1358～1361	細川　勝元	1452～1464
		畠山　政長	1464～1467
		斯波　義廉	1467～1468
斯波　義将	1362～1366	細川　勝元	1468～1473
細川　頼之	1367～1379	畠山　政長	1473～1473
斯波　義将	1379～1391	畠山　政長	1477～1486
細川　頼元	1391～1393	細川　政元	1486～1486
斯波　義将	1393～1398	畠山　政長	1486～1487
畠山　基国	1398～1405	細川　政元	1487～
斯波　義重 （義教）	1405～1409	細川　政元	1490～1490
		細川　政元	1494～1507
斯波　義淳	1409～1410	細川　高国	1508～1525
畠山　満家	1410～1412	細川　稙国	1525～1525
細川　満元	1412～1421	畠山　義堯	1526～
畠山　満家	1421～1429	細川　晴元	1536～
斯波　義淳	1429～1432	細川　氏綱	1552～1563

《将軍》　　江　戸　幕　府

代・名・院号	在職期間	代・名・院号	在職期間
1　家康　安国院	1603～05	8　吉宗　有徳院	1716～45
2　秀忠　台徳院	05～23	9　家重　惇信院	45～60
3　家光　大猷院	23～51	10　家治　浚明院	60～86
4　家綱　厳有院	51～80	11　家斉　文恭院	87～1837
5　綱吉　常憲院	80～1709	12　家慶　慎徳院	37～53
6　家宣　文昭院	09～12	13　家定　温恭院	53～58
7　家継　有章院	13～16	14　家茂　昭徳院	58～66
		15　慶喜　（神葬）	66～67

家康は朝廷から東照大権現の神号を与えられた。

江戸幕府の大老・老中 ①

《大老・老中》　　　　　　◎=大老　△=老中格
（開幕前の年寄などを含む）

氏　名	在職期間	氏　名	在職期間
大久保忠隣	1593〜1614	松平信綱	1633〜1662
榊原康政	1600〜1606	◎酒井忠世	1636〜1636
井伊直政	1600〜1602	◎土井利勝	1638〜1644
本多忠勝	1600〜1609	◎酒井忠勝	1638〜1656
本多正信	1600〜1615	阿部重次	1638〜1651
大久保長安	1600〜1613	松平乗寿	1642〜1654
本多正純	1600〜1622	酒井忠清	1653〜1666
成瀬正成	1600〜1616	稲葉正則	1657〜1681
安藤直次	1600〜1616	久世広之	1663〜1679
村越直吉	1600〜1614	板倉重矩	1665〜1668
内藤清成	1601〜1606	土屋数直	1665〜1679
青山忠成	1601〜1606	◎酒井忠清	1666〜1680
青山成重	1608〜1613	◎井伊直澄	1668〜1676
酒井忠利	1609〜1627	板倉重矩	1670〜1673
土井利勝	1610〜1638	阿部正能	1673〜1676
酒井忠世	1610〜1634	大久保忠朝	1677〜1698
安藤重信	1611〜1621	土井利房	1679〜1681
内藤清次	1616〜1617	堀田正俊	1679〜1681
青山忠俊	1616〜1623	板倉重種	1680〜1681
井上正就	1617〜1628	阿部正武	1681〜1704
水野忠元	〜1620	戸田忠昌	1681〜1699
永井尚政	1622〜1633	◎堀田正俊	1681〜1684
内藤忠重	1623〜1653	松平信之	1685〜1686
稲葉正勝	1623〜1634	土屋政直	1687〜1718
阿部正次	1623〜1626	小笠原長重	1697〜1705
酒井忠勝	1624〜1638	◎井伊直該	1697〜1700
森川重俊	1628〜1632	秋元喬知	1699〜1714
青山幸成	1628〜1643	稲葉正通	1701〜1707
堀田正盛	1633〜1651	本多正永	1704〜1704
阿部忠秋	1633〜1666	大久保忠増	1705〜1713
		井上正岑	1705〜1722

江戸幕府の大老・老中②

氏　　名	在職期間	氏　　名	在職期間
◎柳沢吉保	1706～1709	阿部正右	1765～1786
本多正永	1709～1711	△田沼意次	1769～1772
小笠原長重	1709～1710	板倉勝清	1769～1780
◎井伊直該	1711～1714	田沼意次	1772～1786
阿部正喬	1711～1717	阿部正允	1779～1780
久世重之	1713～1720	久世広昭	1781～1785
松平信庸	1714～1716	△水野忠友	1781～1785
戸田忠真	1714～1729	牧野貞長	1784～1790
水野忠之	1717～1730	◎井伊直幸	1784～1787
安藤重行	1722～1732	水野忠友	1785～1788
松平乗邑	1723～1745	鳥居忠意	1786～1793
松平忠周	1724～1728	阿部正倫	1787～1788
大久保常春	1728～1728	松平定信	1787～1793
酒井忠音	1728～1735	松平信明	1788～1803
松平信祝	1730～1744	松平乗完	1789～1793
△松平輝貞	1730～1745	△本多忠籌	1790～1798
本多忠良	1734～1735	戸田氏教	1790～1806
本多忠良	1735～1746	太田資愛	1793～1801
土岐頼稔	1742～1744	安藤信成	1793～1802
酒井忠恭	1744～1749	牧野忠精	1801～1816
松平乗賢	1745～1746	土井利和	1802～1822
堀田正亮	1745～1761	青山忠裕	1804～1835
西尾忠尚	1746～1747	松平信明	1806～1817
本多正珍	1746～1758	酒井忠進	1815～1818
松平武元	1747～1779	△水野忠成	1817～1818
酒井忠寄	1749～1764	阿部正精	1817～1823
西尾忠尚	1751～1760	大久保忠真	1818～1837
松平輝高	1758～1760	水野忠成	1818～1834
井上正経	1760～1763	松平乗寛	1822～1839
秋元涼朝	1760～1764	松平輝延	1823～1825
松平輝高	1761～1781	△植村家長	1825～1826
松平康福	1763～1788	松平康任	1826～1835
		水野忠邦	1834～1843

江戸幕府の大老・老中 ③

氏　名	在職期間	氏名	在職期間
本荘宗発	1835〜1836	△小笠原長行	1862〜1863
◎井伊直亮	1835〜1841	井上正直	1862〜1864
太田資始	1837〜1841	太田資始	1863〜1863
松平信順	1837〜1837	酒井忠績	1863〜1864
脇坂安董	1837〜1841	有馬道純	1863〜1864
土井利位	1839〜1844	牧野忠恭	1863〜1865
堀田正篤	1841〜1843	稲葉正邦	1864〜1865
真田幸貫	1841〜1844	阿部正外	1864〜1865
阿部正弘	1843〜1857	諏訪忠誠	1864〜1864
牧野忠雅	1843〜1857	△諏訪忠誠	1864〜1865
△堀　真宝	1843〜1845	松平宗秀	1864〜1866
水野忠邦	1844〜1845	本多忠民	1864〜1865
青山忠良	1844〜1848	△松前崇広	1864〜1864
戸田忠温	1845〜1851	松前崇広	1864〜1865
松平乗全	1848〜1855	◎酒井忠績	1865〜1865
松平忠優	1848〜1855	松平康直	1865〜1865
久世広周	1851〜1858	△小笠原長行	1865〜1865
内藤信親	1853〜1862	小笠原長行	1865〜1866
堀田正篤	1855〜1858	板倉勝静	1865〜1868
脇坂安宅	1857〜1860	松平康直	1865〜1868
松平忠固	1857〜1858	井上正直	1865〜1867
◎井伊直弼	1858〜1860	稲葉正邦	1866〜1868
太田資始	1858〜1859	△松平乗謨	1866〜1868
間部詮勝	1858〜1859	水野忠誠	1866〜1866
松平乗全	1858〜1860	小笠原長行	1866〜1868
安藤信正	1860〜1862	△稲葉正巳	1866〜1868
久世広周	1860〜1862	久松定昭	1867〜1867
本多忠民	1860〜1862	大河内正質	1867〜1868
松平信義	1860〜1863	酒井忠惇	1867〜1868
水野忠精	1862〜1866	△立花種恭	1868〜1868
板倉勝静	1862〜1864		
脇坂安宅	1862〜1862		

内閣総理大臣

※(陸)(海)=陸・海軍，憲=憲政党，政=政友会，革=革新倶楽部

	氏　　名	政党	在　職　期　間
1	伊藤　博文1		1885(明18),12.22—1888, 4.30
2	黒田　清隆	(陸)	1888(〃21), 4.30—1889,10.24
3	山県　有朋1	(陸)	1889(〃22),12.24—1891, 4.9
4	松方　正義1		1891(〃24), 5.6—1892, 7.30
5	伊藤　博文2		1892(〃25), 8.8—1896, 8.30
6	松方　正義2		1896(〃29), 9.18—1897,12.27
7	伊藤　博文3		1898(〃31), 1.12—1898, 6.24
8	大隈　重信1	憲政党	1898(〃31), 6.30—1898,10.31
9	山県　有朋2	(陸)	1898(〃31),11.8—1900, 9.26
10	伊藤　博文4	政友会	1900(〃33),10.19—1901, 5.2
11	桂　　太郎1	(陸)	1901(〃34), 6.2—1905,12.21
12	西園寺公望1	政	1906(〃39), 1.7—1908, 7.4
13	桂　　太郎2	(陸)	1908(〃41), 7.14—1911, 8.25
14	西園寺公望2	政	1911(〃44), 8.30—1912,12.5
15	桂　　太郎3	(陸)	1912(大1),12.21—1913, 2.11
16	山本権兵衛1	(海)	1913(〃2), 2.20—1914, 3.24
17	大隈　重信2		1914(〃3), 4.16—1916,10.4
18	寺内　正毅	(陸)	1916(〃5),10.9—1918, 9.21
19	原　　　敬	政	1918(〃7), 9.29—1921,11.5
20	高橋　是清		1921(〃10),11.13—1922, 6.6
21	加藤友三郎	(海)	1922(〃11), 6.12—1923, 8.26
22	山本権兵衛2	(海)	1923(〃12), 9.2—1923,12.27
23	清浦　奎吾		1924(〃13), 1.7—1924, 6.7
24	加藤　高明	憲・政・革	1924(〃13), 6.11—1925, 7.31
	加藤　高明	憲	1925(〃14), 8.2—1926, 1.28
25	若槻礼次郎1	憲	1926(〃15), 1.30—1927, 4.17
26	田中　義一	(陸)政	1927(昭2), 4.20—1929, 7.2
27	浜口　雄幸	民政党	1929(〃4), 7.2—1931, 4.13
28	若槻礼次郎2	〃	1931(〃6), 4.14—1931,12.11
29	犬養　　毅	政	1931(〃6),12.13—1932, 5.16
30	斎藤　　実	(海)	1932(〃7), 5.26—1934, 7.3
31	岡田　啓介	(海)	1934(〃9), 7.8—1936, 2.26
32	広田　弘毅		1936(〃11), 3.9—1937, 1.23
33	林　銑十郎	(陸)	1937(〃12), 2.2—1937, 5.31
34	近衛　文麿1		1937(〃12), 6.4—1939, 1.4
35	平沼騏一郎		1939(〃14), 1.5—1939, 8.28
36	阿部　信行	(陸)	1939(〃14), 8.30—1940, 1.14
37	米内　光政	(海)	1940(〃15), 1.16—1940, 7.16
38・39	近衛　文麿2・3		1940(〃15), 7.22—1941,10.16
40	東条　英機	(陸)	1941(〃16),10.18—1944, 7.18
41	小磯　国昭	(陸)	1944(〃19), 7.22—1945, 4.5
42	鈴木貫太郎	(海)	1945(〃20), 4.7—1945, 8.15

内閣総理大臣 (戦後)

43	東久邇宮稔彦王		1945(昭20), 8.17―1945,10. 5
44	幣原 喜重郎		1945(〃 20),10. 9―1946, 4.22
45	吉田 茂1	自由党	1946(〃 21), 5.22―1947, 5.20
46	片山 哲	社会党	1947(〃 22), 5.24―1948, 2.10
47	芦田 均	民主党	1948(〃 23), 3.10―1948,10. 7
48	吉田 茂2	民自党	1948(〃 23),10.15―1949, 2.16
49~51	吉田 茂3~5	自由	1949(〃 24), 2.16―1954,12. 7
52・53	鳩山 一郎1・2	民主	1954(〃 29),12.10―1955,11.21
54	鳩山 一郎3	自民党	1955(〃 30),11.22―1956,12.20
55	石橋 湛山	〃	1956(〃 31),12.23―1957, 2.23
56・57	岸 信介1・2	〃	1957(〃 32), 2.25―1960, 7.15
58~60	池田 勇人1~3	〃	1960(〃 35), 7.19―1964,11. 9
61~63	佐藤 栄作1~3	〃	1964(〃 39),11. 9―1972, 7. 7
64・65	田中 角栄1・2	〃	1972(〃 47), 7. 7―1974,12. 9
66	三木 武夫	〃	1974(〃 49),12. 9―1976,12.24
67	福田 赳夫	〃	1976(〃 51),12.24―1978,12. 7
68・69	大平 正芳1・2	〃	1978(〃 53),12. 7―1980, 6.12
70	鈴木 善幸	〃	1980(〃 55), 7.17―1982,11.27
71~73	中曽根康弘1~3	〃	1982(〃 57),11.27―1987,11. 6
74	竹下 登	〃	1987(〃 62),11. 6―1989, 6. 3
75	宇野 宗佑	〃	1989(平 1), 6. 3―1989, 8.10
76・77	海部 俊樹1・2	〃	1989(〃 1), 8.10―1991,11. 5
78	宮沢 喜一	〃	1991(〃 3),11. 5―1993, 8. 9
79	細川 護熙	日本新	1993(〃 5), 8. 9―1994, 4.28
80	羽田 孜	新生党	1994(〃 6), 4.28―1994, 6.30
81	村山 富市	社会党	1994(〃 6), 6.30―1996, 1.11
82・83	橋本龍太郎1・2	自民党	1996(〃 8), 1.11―1998, 7.30
84	小渕 恵三	〃	1998(〃 10), 7.30―2000, 4. 5
85・86	森 喜朗1・2	〃	2000(〃 12), 4. 5―2001, 4.26
87~89	小泉純一郎1~3	〃	2001(〃 13), 4.26―2006, 9.26
90	安倍 晋三	〃	2006(〃 18), 9.26―2007, 9.26
91	福田 康夫	〃	2007(〃 19), 9.26―2008, 9.24
92	麻生 太郎	〃	2008(〃 20), 9.24―2009, 9.16
93	鳩山由紀夫	民主党	2009(〃 21), 9.16―2010, 6. 8
94	菅 直人	〃	2010(〃 22), 6. 8―2011, 9. 2
95	野田 佳彦	〃	2011(〃 23), 9. 2―2012,12.26
96・97	安倍 晋三1・2	自民党	2012(〃 24),12.26―

政党変遷表（戦前）

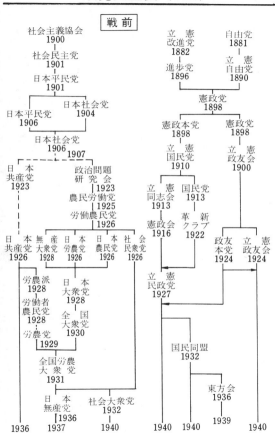

政党変遷表（戦後）

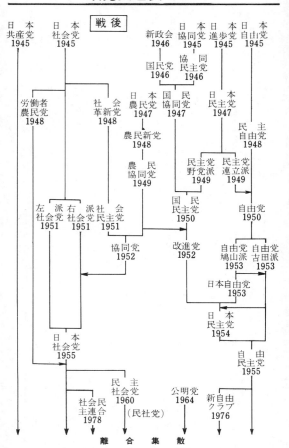

公家官制表

【中央官制】

〈令外の官〉

- 勘解由使
- 検非違使
- 蔵人所
- 修理職

- 後宮
- 春宮坊
- 斎宮寮
- 斎院司
- 院庁

- 左近衛府
- 右近衛府
- 左兵衛府
- 右兵衛府
- 左衛門府
- 右衛門府
- 左馬寮・右馬寮
- 兵庫寮
- 弾正台

太政官

神祇官

太政大臣
内大臣　右大臣　左大臣
参議　中納言　大納言

右弁官局
　大弁─中弁─少弁
　　　　│
　　　　大史─少史

少納言局
　少納言
　大外記─少外記

左弁官局
　大弁─中弁─少弁
　　　　│
　　　　大史─少史

中務省─中宮職・大舎人寮・図書寮・陰陽寮・内匠寮・縫殿寮・内蔵寮・…

式部省─大学寮・雅楽寮・玄蕃寮・諸陵寮…

治部省─主計寮・主税寮

民部省─

兵部省─隼人司・囚獄司

刑部省─

大蔵省─織部司

宮内省─正親司・大膳職・主殿寮・采女司・木工寮・典薬寮・内膳司・主水司・掃部寮・大炊寮・造酒司…

【地方官制】

- 左・右京職─東・西市司
- 大宰府─防人司
- 鎮守府
- 按察使
- 国司─郡司

官位相当表 (1)

位階	官職	神祇官	太政官	中務省	式部省・治部省・民部省・兵部省 / 刑部省・大蔵省・宮内省	春宮坊・中宮職・大膳職・修理職・京職	諸陵寮・大舎人寮・図書寮・兵庫寮・左馬寮・主計寮 / 右馬寮・主税寮・雅楽寮・玄蕃寮・木工寮・掃部寮
公卿	正一位・従一位		太政大臣				
公卿	正二位・従二位		左大臣 右大臣 内大臣				
公卿	正三位		大納言				
公卿	従三位		中納言				
殿上	正四位		△参議	卿			
殿上	従四位	△伯	大弁 / △中弁	大輔	△卿	傳 / △大夫	
殿上	正五位		△少弁		△大輔 / △大判事	大夫	大夫

＊参議は令外の官。蔵人の頭・左大弁・右大弁・近衛中将・左中弁・

（正四位以下には上・下の区別がある。△は下を示す）

47

人

従五位	正六位	従六位	正七位	従七位	正八位	従八位
△大副	少副	△少祐 大祐			△大史	少史
△少納言	大史	少史	大外記 少外記	少外記		
△少輔 △侍従 大監物	大内記 大丞 △中丞 △中判事	中監物 少丞 △少判事	△少監物 中内記 大録	△大典 大録 少内記	少録 少内記	少典
△春宮学士 △恋	△大進 少進	大進 少進	△大属 少属	△大属 少属		
頭	△助	大允 少允	少允		大属 少属	馬医師

しきぶのたいふ
式部大輔・5か国以上の国司歴任者及び三位の中から厳選。定員は8名。

官位相当表 (2)

48

位階\官職	正一位〜従三位 （公卿）	正四位 （殿上人）	従四位	正五位	従五位	正六位	従六位
大炊・内蔵・縫殿・主殿・掃部・内匠寮	○						
陰陽寮					△頭		助
典薬寮					△待医		
斎宮寮				△助			
主水司・采女司・図書寮・内膳司・織部司・造酒司・主膳監・主膳司				△正	正△膳	正	
大学寮			△博士△文章博士	明経博士			
左・右兵衛府・左・右衛門府・左・右近衛府	大将（従三位）	△中将	督△少将	督△佐	大尉△将監		

*位階の正は「しょう」とよみ, 従は「じゅ」とよむ. なお三位は,

（正四位以下には上・下の区別がある。△は下を示す）

正七位	従七位	正八位	従八位	大初位	少初位
△陰陽博士 △天文博士	△陰陽師 △暦博士 △漏刻博士		△大属	少属	
△医博士 △女医博士	△針博士 △医師				
△大允	少允	斎宮属			
	△典膳				
		佑		△令史	
		△佑		令史	
△明法博士 △助教	音博士 算博士 書博士				
	△将曹				
少尉 △大尉	少尉	△大志	大志 △少志		

正・従とも「さんみ」とよみならわしている。

官位相当表 (3)

位階	弾正台	大宰府	蔵人所	鎮守府/按察使/検非違使	斎院司/勘解由使	後宮	国司(大国/上国/中国/小国)
公卿 正一位							
公卿 従一位							
公卿 正二位							
公卿 従二位							
公卿 正三位		帥	別当（大納言・左大臣・右大臣）				
公卿 従三位							
殿上人 正四位	尹		頭（近衛中将・中弁）			尚侍	
殿上人 従四位	△弼	大弐		△女孺・按察使	△長官	典侍	
殿上人 正五位		△少弐	蔵人五位	△佐・将軍	△次官	掌侍	守
殿上人 従五位					△長官		△守

（正四位以下には上・下の区別がある。△は下を示す）

位								
正六位	少△忠	大△監	蔵人六位					
従六位		少監		△大尉		△判官 次官	△大掾	△守
正七位	△大疏 △巡察	少△主典 △判事		少尉	△軍監	判官	大掾	介 守
従七位		△博士				△主典 判官	少掾	
正八位	少疏	医師・算師 少典		△大志	軍曹	△主典	△大目 大掾	掾
従八位				少志			△少目	△掾 目
大初位								△掾
少初位								目

武家職制

52

```
将軍
├─《地方》
│   ├─ ○京都守護
│   ├─ ○六波羅探題
│   │   ├─ 評定衆
│   │   ├─ 引付方
│   │   ├─ 問注所 ─── 越訴奉行
│   │   ├─ 検断方
│   │   ├─ 篝屋守護人
│   │   └─ 大内夜行番
│   ├─ 鎮西奉行 ─── ○鎮西談議所 ─── ○鎮西探題
│   │                                ├─ 評定衆
│   │                                ├─ 警固番
│   │                                └─ 引付方
│   ├─ 長門探題 ─── 長門警固番
│   ├─ 蝦夷管領
│   ├─ 陸奥留守職
│   ├─ ○守護
│   └─ ○地頭
└─ ○引付方
    ├─ 頭人
    └─ 引付衆
        ├─ 評定奉行・御出奉行・造営奉行・
        ├─ 作事奉行・中持奉行・貢馬奉行・
        ├─ 進物奉行・贈物奉行・御弓始奉行・
        └─ 旬御鞠奉行・宿次過書奉行 など
```

表（鎌倉幕府）

《中央》（鎌倉）

- ○執権
- ○連署
- ○評定衆

○公文所
（のち）
○政所──別当（執事）──公事奉行・恩沢奉行（勲功奉行）・安堵奉行・官途奉行・国奉行・寺社奉行・御所奉行・勘定奉行・倉奉行・祈禱奉行

○問注所──執事──賦別奉行・問注奉行・越訴奉行・京下奉行

○侍所──別当・所司（頭人）──保検断奉行・地奉行・鎌倉大番・廂番・学問所番・問見参結番・早昼番・近習番・走衆・恪勤

○小待所────別当、所司、朝夕雑色

○厩別当──厩奉行

武家職制

- 将軍
  - 《地方》
    - ○関東府（鎌倉将軍府）
      - ○管領
      - ○執事
      - ○公方
        - 評定衆―評定奉行
        - 引付衆
        - 問注所執事―越訴奉行
        - 政所執事
          - 社家奉行・鶴岡総奉行・
          - 箱根奉行・禅律奉行・
          - 御所奉行・造営奉行
        - 侍所執事
    - ○九州探題
    - ○奥州探題
    - ○羽州探題
    - ○守護
  - ○問注所（執事）
    - 越訴奉行
    - 証人奉行
    - 検使奉行
  - ○侍所（所司〈頭人〉、所司代）
  - ○小侍所（開闔〈頭人〉）
  - ○地方（頭人、開闔、奉行）

《中央》（京都）－執事

管領

- ○評定衆
- ○引付（内談）方（頭人、引付衆）

　評定奉行・公人奉行・守護奉行・
　寺社諸亭賦・賦別奉行・安堵奉行・
　恩賞奉行（恩賞方）・官途奉行・
　社家奉行・寺家奉行・
　神宮頭人・石清水八幡宮奉行・
　鶴岡八幡宮奉行・山門奉行（延暦寺奉行）・
　東大寺奉行・興福寺奉行・東寺奉行・
　天竜寺奉行・禅律方頭人（禅律長老奉行）・
　唐船奉行（唐奉行）・宿次過書奉行

- ○政所（執事、執事代〈開闔〉、政所代）

　中次衆・披露奉行（御前奉行）・御所奉行・
　御出奉行・御物長持奉行・御物奉行・
　作事奉行・普請奉行・厩奉行・段銭奉行・
　倉奉行・納銭方・折紙方・貢馬奉行・
　吉書奉行・御判始奉行・弓始的奉行・
　垸飯奉行・御憑総奉行・御祝奉行・
　祈禱奉行・御代官参

武家職制

《評定所》

評定所
- 老中
  - 寺社奉行
  - 勘定奉行
  - 町奉行
  - 大目付
  - 作事奉行
  - 傍聴

留役組頭
- 留役
  - 寺社奉行留役
  - 勘定奉行留役
  - 町奉行留役
- 勘定吟味役
- 目付
- 小人目付
- 徒目付
- 囚獄
- 町年寄

留守居―同心
目安読
書役―調方

若年寄ほか

- *若年寄
- *奉者番
- *寺社奉行
- *京都所司代
- *大坂城代

二の丸留守居・目付・小姓組
組頭・典薬頭・使番・鷹匠頭・
小十人頭・徒士頭・納戸頭・
西の丸留守居・徒士頭・船手頭・
右筆組頭・儒者・医師・
膳奉行・賄頭・書物奉行・
細工頭 など

《下級役人》

○町奉行の配下役人
- 与力（20～80人 高100石 役料30石）
- 同心（200～280人 30～70俵）

○定火消一組の下級役人
- 与力（6騎 高80石と馬飼料支給）
- 同心（30人 30俵）

○徒士組一組の下級役人
- 組頭（2人 高150俵）
- 徒士（28人 70俵）
- 同心（30人 2人扶持）

*1人扶持＝1日米5合相当（年5俵）

表(江戸幕府) *は大名

```
将軍
├─ *大老(臨時)
└─ *老中
    ├─ 側衆
    ├─ 高家
    ├─ 留守居年寄衆
    ├─ 大番頭
    ├─ 大目付
    ├─ (江戸)町奉行 ──┬── 町年寄 ── 町名主
    │                └── 囚獄 ── 牢屋下男
    ├─ 勘定奉行 ──┬── 郡代
    │            │   代官(諸国)……名主(庄屋)
    │            │   (諸国)
    │            ├── 勘定組頭・金奉行・蔵奉行・林奉行・漆奉行・
    │            │   川船改役・勘定・普請役
    ├─ 勘定吟味役・作事奉行・普請奉行・旗奉行・鎗奉行・
    ├─ 京都町奉行・伏見奉行・大坂町奉行・甲府勤番支配・
    ├─ 長崎奉行・奈良奉行・駿府城代・駿府町奉行・山田奉行・
    ├─ 日光奉行・堺奉行 など
    ├─ 書院番頭・小姓組番頭・新番頭・百人組頭・持弓頭・持筒頭・定火消役・
    └─ 中奥小姓・小納戸頭取・小姓頭取・
```

武家職制

江戸家老
- 城代*
  - 山林方頭取
  - 小姓頭(二人) ── 側役・近習・小姓 ── 側医
  - 小納戸頭 ── 小納戸 ── 手水番
  - 奥元締 ── 奥用人 ── 奥取次
  - 台所頭 ── 会所番・飛脚番・小者・下男・小屋下男・駕籠頭・陸尺

（「米沢市史」）

幕府直轄領（天領）の地方役人
- 郡代
- 代官
  ┌ 名主（関東）
  │ （関西では庄屋）── 組頭（関西では年寄）── 百姓代
- 手付─手代─書役

（以下の──は武士の地方役人。……は農民の村役人）

（村上 直『江戸幕府の代官』）

松本藩の地方役人
- 郡奉行─代官─目付─手代─同心……大庄屋──庄屋──組頭──長百姓──〔百姓〕

（『松本市史』）

会津藩の地方役人
- 郡奉行─代官─帳付─帳書……郷頭──肝煎──地頭──老百姓──五人組頭──〔五人組〕──〔水呑〕

（『会津若松の歴史』）

表(藩・天領)

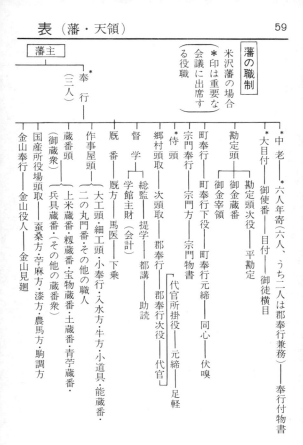

藩の職制

米沢藩の場合
＊印は重要な会議に出席する役職

藩主
┬ 奉行＊（三人）
├ ＊中老
├ ＊六人年寄(六人、うち二人は郡奉行兼務)―― 奉行付物書
├ ＊大目付 ―― 目付 ―― 御徒横目
├ ＊御使番 ―― 御金蔵番
├ 勘定頭 ―― 勘定頭次役 ―― 平勘定
│   └ 御金蔵番
│   └ 御金宰領
├ 町奉行 ―― 町奉行下役 ―― 町奉行元締 ―― 同心 ―― 伏嗅
├ 宗門奉行 ―― 宗門方 ―― 宗門物書
├ ＊侍頭
├ 郷村頭取 ―― 次頭取 ―― 郡奉行 ―― 郡奉行次役 ―― 代官
│   └ 代官所掛役 ―― 元締 ―― 足軽
├ 督学 ―― 総監 ―― 提学 ―― 都講 ―― 助読
│   └ 学館主財(会計)
├ 厩番 ―― 厩方 ―― 馬医 ―― 下乗
├ 作事屋頭 ―― 大工頭・細工頭・小奉行・入水方・牛方・小道具・能蔵番
├ 蔵番頭（御蔵衆）┬ 上米蔵番・籾蔵番・宝物蔵番・土蔵番・青苧蔵番・兵具蔵番・(その他の蔵番衆)
├ 国産所役場頭取 ―― 蚕桑方・苧麻方・漆方・農馬方・駒調方
└ 金山奉行 ―― 金山役人 ―― 金山見廻

国県対照と戦国

道	国	戦国大名	幕藩体制の完成	幕藩体制の終末	廃藩置県	都道府県
山陽道 (8国)	中 長門	大内義隆	毛利綱広37	毛利慶親34	山口	山口
	上 周防	大内義隆	毛利5	（毛利）		
	上 安芸	毛利元就	浅野光晟38	浅野長訓40	広島	広島
	上 備後	小早川正平	水野10 浅野5	阿部10 （浅野）	深津	
	上 備中	細川時国	水谷5 木下3	（松平）		岡山
	上 備前	宇喜多直家	池田光政32	池田茂政32	岡山	
	上 美作		森長継19	松平10	北条	
	大 播磨	赤松晴政	榊原15 松平7	酒井15（諸小領）	飾磨	兵庫
畿内 (5国)	上 摂津	細川晴元	青山5 九鬼4	（諸小領）	兵庫	
	上 和泉	池田・伊丹	永井4	永井4	大阪	大阪
	下 和泉	三好長慶	岡部5	（諸小領）	堺	
	大 河内	畠山高政	（天領多し）	（諸小領）		

大名・江戸大名

	国	戦国大名	江戸初期	江戸後期	現在地	現在県
畿内（5国）	大 大和	筒井順昭	本多15（天領多し）	柳沢15（天領）	奈良	奈良
	上 山城	松永久秀	永井7	稲葉10（諸小領）	京都	京都
山陰道（8国）	上 丹波	波多野元秀	松平5／松平4	青山6（諸小領）		（兵庫）
	上 但馬	山名祐豊	小出5（天領多し）	仙石3（諸小領）	豊岡	（京都）
	中 丹後	一色義道	京極8	本庄7		
	上 因幡	山名誠通	池田光仲32	池田慶徳33	鳥取	鳥取
	上 伯耆	尼子晴久	（池田）	（池田）		
	下 隠岐	尼子晴久	（天領）	（松平）		
	中 出雲	尼子晴久	松平19	松平19（天領）	島根	島根
	中 石見	吉見正頼	松平5／亀井4	松平6／亀井4	浜田	
西海道（11国）	下 対馬	宗 義調	宗12	宗10	長崎	長崎
	下 壱岐	波多	（松浦）	（松浦）	長崎	
	上 肥前	松浦・大村	鍋島光茂36	鍋島直大36		（長崎）

国県対照と戦国

道	国	戦国大名	幕藩体制の完成	幕藩体制の終末	廃藩置県	都道府県
西海道（11国）	上肥前	龍造寺	大久保8 松浦6	小笠原6 松浦6	伊万里	佐賀
	大肥後	菊池・阿蘇 相良	細川綱利54 相良2	細川慶頼54 相良2（天領）	熊本 八代	熊本
	中薩摩	島津貴久	島津光久73	島津茂久73	鹿児島	鹿児島
	中大隅	肝付兼続	（島津）	（島津）	都城	
	中日向	伊東義祐	有馬5 伊東5	内藤7 伊東5	美々津	宮崎
	中豊後	大友義鑑	中川7 稲葉5	中川7 稲葉5	大分	大分
	上豊前	城井正房	小笠原15 小笠原8	小笠原15 奥平10	小倉	
	上筑後	黒木・五条 立花	有馬頼利21 立花11	有馬慶頼21 立花11	三潴	福岡
	上筑前	立花・秋月	黒田光之43 黒田5	黒田斉溥52 黒田5	福岡	
	(琉球)		（島津）12	（島津）12		沖縄
	上伊予	河野・宇都	伊達7 加藤5	伊達10 加藤6	宇和島	愛媛

大名・江戸大名

愛媛	松山	久松15	松木15	宮・西園寺	上伊予	南海道(6国)
香川	香川	松平12	松平12 京極6	十河一存	上讃岐	
高知	高知	山内豊範20	山内忠義17	一条・長宗我部	中土佐	
徳島	名東	蜂須賀斉裕26	蜂須賀光隆26	細川持隆	上阿波	
(兵庫)		(蜂須賀)	(蜂須賀)	三好冬康	下淡路	
和歌山	和歌山	徳川茂承56	徳川光貞54	畠山高政	上紀伊	
三重	度会	藤堂高猷28松平11	藤堂高次32松平11	北畠・関	大伊勢	東海道(15国)
	安濃津	(石川)	(石川)		下伊賀	
	鳥羽	稲垣 3	内藤 4		下志摩	
愛知	名古屋	徳川義宜62	徳川光友62	織田・斯波	上尾張	
	額田	本多 5 (諸小領)	小笠原4 (諸小領)	松平・吉良	上三河	
静岡	浜松	井上 6 (諸小領)	本多 5 (諸小領)		上遠江	
	静岡	水野 5 (諸小領)	(諸小領)	今川義元	上駿河	

国県対照と戦国

道	国	戦国大名	幕藩体制の完成	幕藩体制の終末	廃藩置県	都道府県
東海道（15国）	下伊豆	北条氏康	（諸小領）	（諸小領）	足柄	静岡
	上相模	北条氏康	稲葉10 松平2	大久保11	神奈川	神奈川
	大武蔵	上杉朝定 成田・太田 蘆田・吉良	阿部正春12 松平8 阿部8 （諸小領）	（諸小領） 松平10	神奈川 東京 入間 埼玉	東京 埼玉
	中安房	里見義堯	屋代1（諸小領）	酒井1 稲葉1	木更津	千葉
	大上総	正木・万喜	土屋2（諸小領）	黒田3 保科2		
	大下総	千葉・足利	土井11 松平6	堀田11 土井8	(新治) 印旛	
	大常陸	佐竹・小田 江戸・大掾	徳川光圀24 井上5 新庄3	徳川慶篤35	新治 茨城	茨城
	上甲斐	武田信虎	徳川綱重25	（天領）	山梨	山梨

64

大名・江戸大名

						福井	敦賀
						石川	羽沢
						石川	金沢
						富山	七尾
						新潟	新川
						新潟	柏崎
						新潟	(若松)
						新潟	相川
						滋賀	大津
						滋賀	長浜
						岐阜	岐阜
						岐阜	筑摩

北陸道（7国）	中若狭	武田信豊	酒井忠直12	酒井忠直10
	大越前	朝倉義景	松平光通45 松平5	松平茂昭32
	上加賀	富樫泰俊	前田綱紀103	前田慶寧103 前田10
	中能登	畠山義則	(前田綱紀)	(前田慶寧)
	上越中	神保・椎名	前田利次10	前田利同10
	上越後	上杉輝虎	松平光長26	榊原政敬15
	上越後		松平直矩15	牧野忠訓7
			牧野7	溝口10 内藤5
	中佐渡	本間有泰	(天領)	(天領)
東山道（8国→13国）	大近江	浅井長政	井伊直澄30	井伊直憲25
		京極・六角	本多7 市橋2	
	上美濃	斎藤・土岐	戸田10 松平7	戸田10
	下飛驒	姉小路三木	金森4	(天領)

国県対照と戦国

道	国	戦国大名	幕藩体制の完成	幕藩体制の終末	廃藩置県	都道府県
東山道 (8国→13国)	上信濃	小笠原・諏訪	真田10 水野7	真田10 戸田6	長野	長野
	大上野	由良・長尾	酒井13 安藤6	松平17 大河内8	群馬	群馬
	上下野	宇都宮・小山 那須・佐野	徳川綱吉25 奥平11 大関2	戸田5 鳥居3 大久保3 大関2	栃木 宇都宮	栃木
	大 岩代	蘆名・畠山	保科23 丹羽10	松平容保23 丹羽10	若松	福島
	陸 磐城	岩城・相馬	本多10 内藤7 相馬6	阿部10 相馬6	福島 磐前	(宮城)
	奥 陸前	伊達・葛西	伊達綱村56 松平3	伊達慶利63	仙台	(福島) 宮城
	陸中	南部晴政	南部重直10 田村3	南部利剛20 田村3	水沢 盛岡 (秋田)	岩手 (秋田)
	陸奥	浪岡・津軽	津軽5	津軽承昭10	青森	(岩手)

大名・江戸大名

東山道(8国→13国)			南部	南部2	南部2	青森	青森
陸奥	中	羽後	秋田・小野寺	佐竹義隆21 六郷3	佐竹義堯21	秋田	秋田
	出羽	羽前	最上義定	上杉綱憲30	上杉14 酒井17	酒田	山形
			武藤義氏	松平15 酒井14	戸沢7 水野5	山形 置賜	
	蝦夷		蠣崎季弘	松前高広3	松前3	北海道	北海道

(注) 1. 国や県は改廃が行われたが、最終のものとした。また、国名の大・上・中・下は古代の大国・上国・中国・下国を示す。国司の官位は国の大小で異なる (P50参照)。

2. 武蔵国ははじめ東山道に入っていたが、771年に東海道に編入された。

3. 戦国大名は16世紀中ごろ、幕藩体制の完成は寛文4年(1664)ごろ、幕藩体制の終末は慶応3年(1867)ごろとした。なお、おもなものだけである。

4. 幕藩体制の完成、及び終末欄の数字は方石を示す。

国県対照と

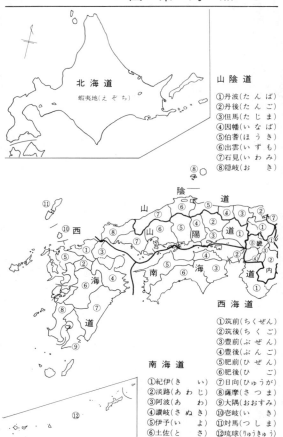

北海道
　蝦夷地(えぞち)

山陰道
①丹波(たんば)
②丹後(たんご)
③但馬(たじま)
④因幡(いなば)
⑤伯耆(ほうき)
⑥出雲(いずも)
⑦石見(いわみ)
⑧隠岐(おき)

西海道
①筑前(ちくぜん)
②筑後(ちくご)
③豊前(ぶぜん)
④豊後(ぶんご)
⑤肥前(ひぜん)
⑥肥後(ひご)
⑦日向(ひゅうが)
⑧薩摩(さつま)
⑨大隅(おおすみ)
⑩壱岐(いき)
⑪対馬(つしま)
⑫琉球(りゅうきゅう)

南海道
①紀伊(きい)
②淡路(あわじ)
③阿波(あわ)
④讃岐(さぬき)
⑤伊予(いよ)
⑥土佐(とさ)

五畿七道

北陸道
①越後(えちご)
②佐渡(さ ど)
③越中(えっちゅう)
④能登(の と)
⑤加賀(か が)
⑥越前(えちぜん)
⑦若狭(わかさ)

東海道
①常陸(ひたち)
②下総(しもうさ)
③上総(かずさ)
④安房(あ わ)
⑤武蔵(むさし)
⑥相模(さがみ)
⑦甲斐(か い)
⑧駿河(するが)
⑨伊豆(い ず)
⑩遠江(とおとうみ)
⑪三河(みかわ)
⑫尾張(おわり)
⑬伊勢(い せ)
⑭伊賀(い が)
⑮志摩(し ま)

山陽道
①播磨(はりま)
②美作(みまさか)
③備前(びぜん)
④備中(びっちゅう)
⑤備後(びんご)
⑥安芸(あ き)
⑦周防(すおう)
⑧長門(ながと)

畿内
①山城(やましろ)
②大和(やまと)
③河内(かわち)
④和泉(いずみ)
⑤摂津(せっつ)

東山道
①陸奥(む つ)
②出羽(で わ)
③下野(しもつけ)
④上野(こうずけ)
⑤信濃(しなの)
⑥飛騨(ひ だ)
⑦美濃(み の)
⑧近江(おうみ)

郡代・代官

代官所	郡代・代官	支配地	支配高
陸奥 川俣	野村彦右衛門	陸奥	8万6239石
〃 桑折	嶋田帯刀政富	陸奥	8万3783石
〃 橋本	篠田藤四郎	陸奥	5万7297石
出羽 柴橋	添田一郎次	出羽	6万9957石
〃 尾花沢	大貫次右衛門光証	出羽	7万8099石
下野 真岡	川崎平次右衛門	常陸・下野・上野・下総	9万4634石
上野 東郷	伊奈友之助	常陸・下野・下総	8万8531石
〃 岩鼻	山本大膳雅直	下野・上野・武蔵	13万4991石
府内 江戸	伊奈半左衛門忠信	武蔵	10万5007石
〃	林金五郎	常陸・下総	8万5172石
〃	羽倉外記用九	下野・上野・下総・伊豆国付島々	8万5763石
〃	山田茂左衛門	下総・武蔵	11万5447石
〃	中村八大夫	武蔵・相模	13万4924石
〃	森覚蔵	下総・上総・安房	8万7545石
越後 脇野町	平岡熊太郎	越後	5万3748石
〃 出雲崎	青山九八郎	越後	7万1289石
〃 水原	平岡文次郎	越後	10万6149石
甲斐 甲府	松坂三郎左衛門	甲斐	8万4540石
〃 市川	小林藤之助	甲斐	7万9683石
〃 石和	篠本彦次郎	甲斐	5万7829石
信濃 中之条	大原左近	上野・信濃	6万9575石

(江戸幕府) (1839年 天保10年)　〇印 郡代　＊印 世襲代官

信濃 中野	岡本忠次郎成昌	信濃	5万4298石
飛騨 高山	大井帯刀永昌	加賀	11万4052石
美濃 笠松	〇柴田善之助	美濃	10万0155石
伊豆 韮山	〇江川太郎左衛門英竜	武蔵・信濃・相模・伊豆・駿河	8万4118石
駿河 駿府	＊本多十輔荘	駿河・甲斐	8万0104石
遠江 中泉	小笠原信助	遠江	6万3959石
近江 大津	＊石原清左衛門	近江・大和・摂津・河内・和泉・播磨	10万1884石
山城 信楽	＊多羅尾織之助純門	美濃・伊勢	5万5355石
〃 京都	＊小堀主税	山城・近江・河内・摂津・丹波・播磨	9万6470石
〃 宇治	＊角倉与一	山城	246石
〃 五条	＊木村惣左衛門	大和	3万0807石
大和 五条	＊上林六郎	大和	2万0532石
大坂 鈴木町	竹垣三郎左衛門直道	摂津・河内	6万1732石
〃 谷町	池田岩之丞	摂津・河内	7万9417石
丹後 久美浜	築山茂左衛門	丹後・但馬	7万2608石
但馬 生野	田中主殿	但馬	6万7745石
石見 大森	大草太郎左衛門政修	美作	7万4184石
備中 倉敷	岩田鍬三郎	備後	7万8696石
豊後 日田	高山又蔵	備作	6万3703石
肥前 長崎	〇寺西蔵太元栄	筑前・豊前・豊後・肥前・日向	11万7534石
	＊高木作右衛門忠篤	筑前・肥前・肥後	3万6677石
合　計			328万4478石

江戸幕府の役人の俸

役職名	定員	職禄	家禄
*留守居年寄	8	5000石	2000～5000石
		(与力10，同心50)	
大目付	5	3000石	500～2500石
町奉行(江戸)	2	3000石	500～3000石
		(与力,同心,囚獄,下男)	
勘定奉行	8	3000石	500～2500石
勘定吟味役	6	500石	100～ 250俵
高家	19	1500石	500～3500石
普請奉行	2	2000石	2300～3000石
下奉行	4	100俵	
普請方	16	20俵	
改方	4	100俵	
		(同心肝煎3，同心15，地割棟梁10)	
小普請奉行	4	2000石	1700～2600石
小普請方	12	100俵 (手代各7)	
小普請改役	8	100俵 (下役23)	
小普請吟味役	8	70俵	
伊賀者組頭	4	持高勤 (伊賀者10)	
手代組頭	8	50俵	
目付衆	16	1000石	150～3000石
徒目付組頭	4	200俵	
徒目付	56	100俵	
鷹匠頭	3	1000石	300～1500石
宗門改	2	(与力6，同心各30)	
蔵奉行	9	200俵	30～ 300俵
		(手代54，門番15，蔵番35 小揚200，籾挽小揚70)	
切米手形改	3	200俵	250石 (手代各9)
同朋頭	4	200俵	100～ 200俵
同朋衆	10	150俵	80～ 200俵
奥坊主組頭	2	50俵	
奥坊主	116	20俵	

禄調べ (一部)

*は大名, ( )は配下の吏員数。

役職名	定員	職禄	家禄
奥坊主小道具役	12	50俵	
用部屋坊主	28	50俵	
表坊主組頭	9	40俵	
表坊主	216		
大番頭	12番組12	5000石 (組頭各4)	5000〜1万9000石
大番組頭	1番組各4	600石 (与力10, 同心各20)	200〜 450石
鉄砲百人組頭	4組4	3000石 (与力20, 同心100)	5000〜7000石
定火消役	8	300人扶持 (与力6, 同心各30)	4000〜6000石
徒頭	20組20	1000石	100〜1700石
徒組頭	各組2	150俵	
船手頭	6	700石 (水主, 同心)	100〜2400石
側衆	14	5000石	2000〜7000石
小姓頭取		1000石以下300石 / 500石以下500石	200〜2000石
小姓衆	54	500石	200〜5000石
林大学頭		3500石	
儒者衆	6	200俵	
学問所勤番頭	3	150俵	
学問所勤番	36	50俵	
人足寄場奉行	1	200表	
寄場吟味役	1	100俵	
寄場元〆役	5	50俵	
囚獄	1	300石 (同心58, 下男30)	
*京都所司代	1	役知1万石(与力50, 同心100)	
*大坂城代	1	役知1万石	
佐渡奉行	2	1000石 / 役料1500俵(与力30,同心各70)	200〜 300石

近世の交通

【五街道】
●東海道（53宿）
(江戸日本橋)−品川−川崎−神奈川−程ケ谷−戸塚−藤沢−平塚−大磯−小田原−箱根−三島−沼津−原−吉原−蒲原−由井−興津−江尻−府中−丸子−岡部−藤枝−島田−金谷−日坂−掛川−袋井−見付−浜松−舞坂−新居−白須賀−二川−吉田−御油−赤坂−藤川−岡崎−池鯉鮒−鳴海−宮(熱田)−桑名−四日市−石薬師−庄野−亀山−関−坂の下−土山−水口−石部−草津−大津−(京)

●中山道（67宿）
(江戸日本橋)−板橋−蕨−浦和−大宮−上尾−桶川−鴻ノ巣−熊谷−深谷−本庄−新町−倉賀野−高崎−板鼻−安中−松井田−坂本−軽井沢−沓掛−追分−小田井−岩村田−塩名田−八幡−望月−芦田−長久保−和田−下諏訪−塩尻−洗馬−本山−贄川−奈良井−籔原−宮越−福島−上松−須原−野尻−三留野−妻籠−馬籠−落合−中津川−大井−大久手−細久手−御嶽−伏見−太田−鵜沼−加納−河渡−美江寺−赤坂−垂井−関ケ原−今須−柏原−醒ケ井−番場−鳥居本−高宮−愛知川−武佐−守山−(草津)

●甲州街道（33宿）
(江戸日本橋)−内藤新宿−下高井戸−石原−府中−日野−八王子−駒木野−小仏−小原−吉野−関野−上野原−鶴川−野田尻−犬目−猿橋−駒橋−大月−下花咲−下初狩−白野−黒野田−鶴瀬−勝沼−栗原−石和−府中（甲府）−韮崎−台ケ原−教来石−蔦木−金沢−上諏訪−(下諏訪)

●日光街道（21宿）
(江戸日本橋)−千住−草加−越ケ谷−粕壁−杉戸−幸手−栗橋−中田−古河−野木−間々田−小山−新田−小金井−石橋−雀宮−宇都宮−徳次郎−大沢−今市−鉢石−(日光)

●奥州街道（27宿）
(江戸日本橋)…日光街道…(宇都宮)−白沢−氏家−喜連川−佐久山−大田原−鍋掛−越堀−芦野−白坂−(白河)
（千住より宇都宮までの17宿は日光街道の宿駅に同じ）

路(陸上・海上)

【主要脇街道】
●伊勢路
四日市－神戸－白子－上野－津－松坂－小俣－山田
●山陽道
大坂－西ノ宮－兵庫－播磨明石－加古川－御着－姫路－正条－有年－三石－片上－藤井－岡山－板倉－河辺－矢掛－七日市－高屋－神辺－今津－尾道－三原－沼田本郷－西条－海田市－広島－廿日市－玖波－関戸－玖河－高森－今市－呼坂－久保市－花岡－徳山－福川－富海－宮市－小郡－山中－船木－厚狭市－吉田－小月－長府－下ノ関
●長崎道
小倉－黒崎－木屋瀬－飯塚－内野－山家－原田－田代－轟木－中原－神崎－堺原－佐賀－牛津－小田－北方－柄崎－嬉野－彼杵－松原－大村－諫早－矢上－日見－長崎

【主要港津】
●江戸～上方間航路
江戸－浦賀－三崎－下田－妻良－鳥羽－安乗－三木浦－方座－勝浦－大島－周参見－比井岬－和歌山－加太－深日－堺－大坂
●東廻り航路　日本海沿岸→津軽海峡→太平洋→江戸
酒田－飛島－土崎－能代－深浦－鰺ケ沢－十三－小泊－三厩－佐井－箱館－青森－松前－八戸－宮古－気仙－石巻－荒浜－小名浜－平潟－那珂湊－銚子－小湊－下田－浦賀－江戸
●西廻り航路　日本海沿岸→下関海峡→瀬戸内海→大坂
粟島－海老江－新潟－小木－輪島－福浦－三国－敦賀－小浜－伊根－間人－柴山－美保関－宇竜－温泉津－浜田－江崎－仙崎－肥中－下関－本山岬－広島－尾道－鞆－下津井－室津－明石－兵庫－西宮－大坂
●九州～四国航路
丸亀－高松－浦戸－佐賀関－博多－平戸－長崎－坊津－山川－鹿児島

近世の

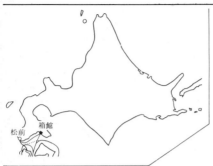

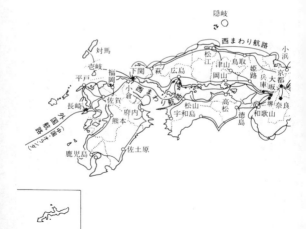

交 通 路

神話の神々

●別天神五柱
(記) 天之御中主神 ○高御産巣日神 ○神産巣日神 ○宇摩志阿斯訶備比古遅神 ○天之常立神

(紀) 天御中主尊 ○高皇産霊尊 ○神皇産霊尊 ○可美葦牙彦舅尊

●神代七代
(記) 国之常立神 ○豊雲野神 ○宇比地邇神・妹須比智邇神 ○角杙神・妹活杙神 ○意富斗能地神・妹大斗乃弁神 ○於母陀流神・妹阿夜訶志古泥神 ○伊邪那岐神・妹伊邪那美神

(紀) 埴土煮尊・沙土煮尊 ○大戸之道尊・大苫辺尊 ○面足尊・惶根尊 ○伊奘諾尊・伊奘冉尊

●大八島国
(記) 淡道之穂之狭別島(淡路島) ○伊予之二名島(四国) ○隠伎之三子島(隠岐) ○筑紫島(九州) ○伊伎島(壱岐) ○津島(対馬) ○佐度島(佐渡) ○大倭豊秋津島(大和＝本州)

(紀) 淡路洲 ○豊秋津洲 ○伊予二名洲 ○筑紫洲 ○億岐洲 ○佐度洲 ○越洲(北陸) ○大洲(大島)

●自然を掌る神々(一部,古事記による)
石土毘古神(石や土の神) 石巣比売神(石や砂の神) ○大屋毘古神(家屋の神) ○大綿津見神(海の神) ○水戸神(河口の神) ○沫那芸神(平静な水面の神) ○沫那美神(波立っている水面の神) ○天之水分神・国之水分神(共に分水の神) ○志那都比古神(風の神)

（記＝古事記，紀＝日本書紀）

○久久能智神（木の神）　○大山津見神（山の神）　○鹿屋野比売神（野の神）　○鳥之石楠船神（天鳥船とも，船の神）　○火之夜芸速男神（火之迦具土神とも，火の神）　○金山毘古神・金山毘売神（金の神）　○豊宇気毘売神（食物の神）　○建御雷之男神（雷の神）　○奥山津見神（奥山の神）　○闇山津見神（谷山の神）　○道俣神（分れ道の神）　○奥津那芸佐毘古神（なぎさの神）　○底津綿津見神（中津・上津の3神，海の底，中・上の神）

● 三貴神
(記) 天照大御神　○月読命　○建速須佐之男命
(紀) 天照大神　○月読尊　○素戔嗚尊

● 天照大御神の子孫
(記) 正勝吾勝勝速日天忍穂耳命　○天津日高日子番能邇邇芸命　○火照命・火遠理命（天津日高日子穂穂手見命　○天津日高日子波限建鵜葺草葺不合命　○神倭伊波礼毘古命（神武天皇）
(紀) 正哉吾勝勝速日天忍穂耳尊　○天津彦彦火瓊瓊杵尊　○彦火火出見尊　○彦波瀲武鸕鶿草葺不合尊　○神日本磐余彦尊（神武天皇）

● 須佐之男命の子孫とその協力者
(記) 大国主神（大穴牟遅神）　○少名毘古那神
(紀) 大国主神（大己貴神）　○少彦名命

※おもな神々の記・紀の書きあらわし方の違いがわかるようにした。なお，神々の選択の規準はない。

神宮・諸国一宮

神 社 名	所 在 地	神 社 名
皇大神宮(内宮)	三重県伊勢市	小　秩父神社
豊受大神宮(外宮)	〃　伊勢市	大★安房神社
		大★香取神宮
大　北海道神宮	北海道札幌市	中　玉前神社
中　函館八幡宮	〃　函館市	大　明治神宮
小　岩木山神社	青森県中津軽郡	大　日枝神社
中　志波彦神社	宮城県塩釜市	小　大国魂神社
中　塩竈神社	〃　塩釜市	中　鎌倉宮
小　駒形神社	岩手県水沢市	中　鶴岡八幡宮
小　古四王神社	秋田県秋田市	中★寒川神社
大　月山神社	山形県東田川郡	小　箱根神社
中★大物忌神社	〃　飽海郡	中★弥彦神社
小　出羽神社	〃　東田川郡	★居多神社
小　湯殿山神社	〃　東田川郡	小★度津神社
中★都都古別神社	福島県東白川郡	中　射水神社
中★都都古別神社	〃　白川郡	小★高瀬神社
中　伊佐須美神社	〃　大沼郡	小　雄山神社
大★鹿島神宮	茨城県鹿島郡	大★気多神社
中　大洗磯前神社	〃　東茨城郡	中★白山比咩神社
中　酒列磯前神社	〃　那珂湊市	小　菅生石部神社
中★二荒山神社	栃木県日光市	大★気比神宮
中★二荒山神社	〃　宇都宮市	中　金崎宮
中　一之宮貫前神社	群馬県富岡市	中★若狭彦神社
大★氷川神社	埼玉県大宮市	小　剣神社
中　釜鎖神社	〃　児玉郡	中★浅間神社

＊市町村合併で所在地名が変わることがあります。

と旧官国幣社　　　　　　　　　　81

所在地	神社名	所在地
埼玉県秩父市	大★諏訪大社上社	長野県諏訪市
千葉県館山市	〃　　　下社	〃　諏訪郡
〃　佐原市	中　生島足島神社	〃　上田市
〃　長生郡	小　戸隠神社	〃　上水内郡
東京都渋谷区	小　穂高神社	〃　南安曇郡
〃　千代田区	大★南宮神社	岐阜県不破郡
〃　府中市	小★飛驒一宮水無神社	〃　大野郡
神奈川県鎌倉市		
〃　鎌倉市	小　伊奈波神社	〃　岐阜市
〃　高座郡	大★三島大社	静岡県三島市
〃　足柄下郡	大★富士山本宮浅間神社	〃　富士宮市
新潟県西蒲原郡		
〃　上越市	中　井伊谷宮	〃　引佐郡
〃　佐渡郡	小★小国神社	〃　周智郡
富山県高岡市	小　神部神社	〃　静岡市
〃　東砺波郡	小　浅間神社	〃　静岡市
〃　中新川郡	小　大歳御祖神社	〃　静岡市
石川県羽咋市	小　伊豆山神社	〃　熱海市
〃　石川郡	大　熱田神宮	愛知県名古屋市
〃　加賀市	中★真清田神社	〃　一宮市
福井県敦賀市	中　大県神社	〃　犬山市
〃　敦賀市	小★砥鹿神社	〃　宝飯郡
〃　小浜市	小　津島神社	〃　津島市
〃　丹生郡	小　尾張大国霊神社	〃　稲沢市
山梨県東八代郡	大　多度神社	三重県桑名郡

神宮・諸国一宮

神 社 名	所 在 地	神 社 名
中★敢国(あえくに)神社	三重県上野市	中★籠(この)神社
★椿神社	〃 鈴鹿市	大★枚岡(ひらおか)神社
★都波岐神社	〃 鈴鹿市	大★大鳥神社
★伊雑宮	〃 志摩郡	大★住吉大社
★伊射波神社	〃 志摩郡	大 生国魂(いくたま)神社
大 日吉大社	滋賀県大津市	大 水無瀬神社
大★建部大社	〃 大津市	中 坐摩(いかすり)神社
大 多賀大社	〃 犬上郡	大 広田神社
大 近江神宮	〃 大津市	大★伊弉諾(いざなぎ)神宮
中 御上神社	〃 野洲郡	中 生田神社
大★賀茂別雷(かものわけいかずちの)神社	京都市北区	中 長田神社
大★賀茂御祖(かものみおやの)神社	〃 左京区	中 海(わたつみ)神社
大 石清水八幡宮	京都府綴喜郡	中 出石神社
大 松尾(まつのお)大社	京都市西京区	中★伊和神社
大 平野神社	〃 北区	★粟鹿神社
大 伏見稲荷大社	〃 伏見区	大★大神(おおみわ)神社
大 平安神宮	〃 左京区	大 大和神社
大 八坂神社	〃 東山区	大 石上(いそのかみ)神宮
大 白峰神宮	〃 上京区	大 春日大社
中 梅宮大社	〃 右京区	大 広瀬神社
大 貴船(きふね)神社	〃 左京区	大 龍田大社
大 大原野神社	〃 西京区	大 丹生川上神社
大 吉田神社	〃 左京区	大 橿原(かしはら)神宮
中 北野天満宮	〃 上京区	大 吉野神宮
中★出雲大神宮	京都府亀岡市	大★日前(ひのくま)神宮

と旧官国幣社

所 在 地	神 社 名	所 在 地
京都府宮津市	大★国懸神宮	和歌山県和歌山市
大阪府東大阪市	大 竃山神社	〃 和歌山市
〃 堺市	大 熊野本宮大社	〃 東牟婁郡
大阪市住吉区	中 熊野速玉大社	〃 新宮市
〃 天王寺区	大 丹生都比売神社	〃 伊都郡
大阪府三島郡	中 熊野那智大社	〃 東牟婁郡
大阪市東区	中 伊太祁曽神社	〃 和歌山市
兵庫県西宮市	中★宇倍神社	鳥取県岩美郡
〃 津名郡	小★倭文神社	〃 東伯郡
〃 神戸市	小 大神山神社	〃 米子市
〃 神戸市	大★出雲大社	島根県簸川郡
〃 神戸市	大 熊野大社	〃 八束郡
〃 出石郡	中★水若酢神社	〃 隠岐郡
〃 宍栗郡	小 美保神社	〃 八束郡
〃 朝来郡	小 日御碕神社	〃 簸川郡
奈良県桜井市	小★物部神社	〃 大田市
〃 天理市	小 須佐神社	〃 簸川郡
〃 天理市	小 佐太神社	〃 八束郡
〃 奈良市	★由良比女神社	〃 知夫郡
〃 北葛城郡	中★吉備津神社	岡山県岡山市
〃 生駒郡	中★中山神社	〃 津山市
〃 吉野郡	中 安仁神社	〃 岡山市
〃 橿原市	小★吉備津彦神社	〃 一宮
〃 吉野郡	中★厳島神社	広島県佐伯郡
和歌山県和歌山市	中 速谷神社	〃 佐伯郡

神宮・諸国一宮

小	沼名前神社	広島県福山市	⼤	宗像神社
小★	吉備津神社	〃 芦品郡	⊕	英彦山神社
⼤	赤間神宮	山口県下関市	⊕	太宰府天満宮
⊕	住吉神社	〃 下関市	小	竈門神社
中★	玉祖神社	〃 防府市	小	志賀海神社
小	忌宮神社	〃 下関市	小★	住吉神社
中	忌部神社	徳島県徳島市	大★	高良大社
中★	大麻比古神社	〃 鳴門市	中	田島神社
中★	田村神社	香川県高松市	小★	千栗八幡宮
中	金刀比羅宮	〃 仲多度郡	★	河上神社
大★	大山祇神社	愛媛県越智郡	中	住吉神社
中	伊曽乃神社	〃 西条市	中★	海神社
中★	土佐神社	高知県高知市	中	諏訪神社
⼤	香椎宮	福岡県福岡市	★	天手長男神社
⼤★	筥崎宮	〃 福岡市	⼤★	阿蘇神社

★は諸国一の宮。⼤⊕小は旧官幣大・中・小社。大・中・小は旧国幣

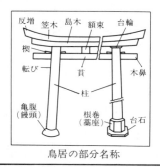

鳥居の部分名称

神明鳥居

明神鳥居

と旧官国幣社

福岡県宗像郡	⑩ 八代宮	〃 八代市
〃 田川郡	小 藤崎八旛宮	〃 熊本市
〃 大宰府市	⑥★宇佐神宮	大分県宇佐市
〃 大宰府市	中★西寒多神社	〃 大分市
〃 福岡市	小 柞原八幡宮	〃 大分市
〃 福岡市	⑥ 鵜戸神宮	宮崎県日南市
〃 久留米市	⑥ 宮崎神宮	〃 宮崎市
佐賀県東松浦郡	小★都農神社	〃 児湯郡
〃 三養基郡	⑥ 霧島神宮	鹿児島県姶良郡
〃 伊万里市	⑥★鹿児島神宮	〃 姶良郡
長崎県壱岐郡	中★新田神社	〃 川内市
〃 上県郡	小★枚聞神社	〃 揖宿郡
〃 長崎市	⑪ 波上宮	沖縄県那覇市
〃 壱岐郡		
熊本県阿蘇郡	⑲ 靖国神社	東京都千代田区

大・中・小社。旧別格官幣社は靖国神社だけをあげた。

稲荷鳥居　　　春日鳥居　　　八幡鳥居
(台輪鳥居)

山王鳥居　　　三輪鳥居　　　両部鳥居
(日吉鳥居・合掌鳥居)　　　　(権現鳥居・四脚鳥居)

仏教宗派（天台宗・真言宗）

宗　派	開祖	時代	主な寺院	
三論宗	恵灌	大和		⎫
元興寺流	智光	〃		｜
大安寺流	道慈	奈良		｜
成実宗（三論宗の付宗）				｜南
法相宗	道昭	大和	元興寺　奈良市	｜都
（南寺伝）	智通	奈良	〃　　　〃	｜六
（北寺伝）	玄昉	〃	興福寺　〃	｜宗
倶舎宗（法相宗の付宗）				｜
華厳宗	良弁	奈良	東大寺　〃	｜
律　宗	鑑真	〃	唐招提寺　〃	⎭
天台宗	最澄	平安	延暦寺　滋賀県大津市	
根本大師流	〃	〃		
真盛派	真盛	鎌倉	西教寺　滋賀県大津市	
智証大師流	円珍	平安		
寺門派	〃	〃	園城寺　滋賀県大津市	
龍淵房流	証義	〃		
智寂房流	良明	〃		
慈覚大師流	円仁	〃		
山門派	〃	〃	延暦寺　滋賀県大津市	
川流	良源	〃		
檀那流	覚運	〃		
恵心流	源信	〃		
谷流	皇慶	〃		
真言宗	空海	平安	金剛峰寺　和歌山県高野町	
真言宗古義				
広沢流	益信	〃	遍照寺　京都市右京区	
小野流	聖宝	〃	醍醐寺　京都市伏見区	
新義真言宗	覚鑁	〃	根来寺　和歌山県岩出町	
智山派	玄宥	安土	智積院　京都市東山区	
豊山派	専誉	桃山	長谷寺　奈良県桜井市	

＊市町村合併で所在地名が変わることがあります。

(浄土宗・真宗・時宗)

宗　派	開祖	時代	主な寺院	
浄土宗	法然	鎌倉	知恩院	京都市東山区
西山派	証空	〃	光明寺	京都府長岡京市
西谷流	浄音	〃		
深草流	円空	〃	誓願寺	京都市中京区
東山流	証入	〃		
嵯峨流	証恵	室町		
鎮西派	弁長	鎌倉	知恩院	京都市東山区
白旗流	良暁	〃	⎱	
名越流	尊観	〃	⎬関東三派	
藤田流	性心	江戸		
木幡流	慈心	〃	⎰	
三条流	道光	鎌倉	⎱京畿三派	
一条流	然空	〃		
長楽寺流	降寛	〃	長楽寺	京都市
九品寺流	長西	〃	九品寺	京都府加茂町
一念義流	幸西	〃		
真宗(一向宗)	親鸞	鎌倉		
本願寺派	准如	江戸	(西)本願寺	京都市下京区
大谷派	教如	〃	(東)本願寺	〃　　〃
仏光寺派	経誉	室町	仏光寺	〃　　〃
高田派	真仏	鎌倉	専修寺	三重県津市
木辺派	存覚	室町	錦織寺	滋賀県中主町
興正寺派	経豪	〃	興正寺	京都市下京区
出雲路派	乗専	鎌倉	毫摂寺	福井県武生市
山元派	道性	〃	証誠寺	〃　鯖江市
三門徒派	如道	〃	専照寺	〃　福井市
誠照寺派	如覚	室町	誠照寺	〃　鯖江市
時宗	一遍	鎌倉		
遊行派	他阿真教	〃	清浄光寺	神奈川県藤沢市
奥谷派	仙阿	〃	宝厳寺	愛媛県松山市

仏教宗派(臨済宗・曹洞宗・黄檗宗・日蓮宗)

宗 派	開 祖	時代	主な寺院	
臨済宗	栄西			
建仁寺派	栄西	鎌倉	建仁寺	京都市東山区
建長寺派	蘭渓道隆	〃	建長寺	鎌倉市
東福寺派	円爾弁円	〃	東福寺	京都市東山区
円覚寺派	無学祖元	〃	円覚寺	鎌倉市
南禅寺派	無関普門	〃	南禅寺	京都市左京区
大徳寺派	宗峯妙超	〃	大徳寺	京都市北区
妙心寺派	関山慧玄	室町	妙心寺	京都市右京区
天竜寺派	夢窓疎石	〃	天竜寺	京都市右京区
永源寺派	寂室元光	〃	永源寺	滋賀県永源寺町
向嶽寺派	抜隊得勝	〃	向嶽寺	山梨県塩山市
相国寺派	夢窓疎石	〃	相国寺	京都市上京区
方広寺派	無文元選	〃	方広寺	静岡県引佐町
仏通寺派	愚中周及	〃	仏通寺	広島県三原市
国泰寺派	慈雲妙意	〃	国泰寺	富山県高岡市
曹洞宗	道元	鎌倉	永平寺	福井県永平寺町
瑩山派	瑩山紹瑾	〃	総持寺	横浜市鶴見区
黄檗宗	隠元	江戸	万福寺	京都府宇治市
日蓮宗(法華宗)	日蓮	鎌倉	久遠寺	山梨県身延町
浜門流	日昭	〃	妙法寺	鎌倉市
朗門流	日朗	〃	妙本寺	鎌倉市
富士門宗	日興	〃	大石寺	静岡県富士宮市
身延門流	日向	〃		
四条門流	日像	室町	妙顕寺	京都市
六条門流	日静	〃	本圀寺	京都市
顕本法華宗	日什	〃	妙満寺	京都市左京区
中山門流	日常	〃		
本門流	日隆	〃	本能寺	京都市中京区
真門流	日真	〃	本隆寺	京都市上京区
不受不施派	日奥	江戸	妙覚寺	岡山県御津町
日蓮講門宗	日講	〃	本覚寺	〃 〃

新宗教 (仏=仏教系。神=神道系。諸=諸教)

系統	教名	教祖	開教年	本部所在地
仏	如来教	一尊如来きの	1802	名古屋市熱田区
神	黒住教	黒住宗忠	1814	岡山市
神	天理教	中山みき	1838	奈良県天理市
神	禊教	井上正鉄	1840	東京都台東区
神	神理教	佐野経彦	1843	福岡県北九州市
仏	本門仏立宗	長松日扇	1857	京都市上京区
神	金光教	川手文治郎	1859	岡山県金光町
神	出雲大社教	千家尊福	1873	島根県大社町
神	御岳教	下山応助	1873	奈良市
神	丸山教	伊藤六郎兵衛	1885	川崎市多摩区
神	大本教	出口ナオ	1892	京都府亀岡市
神	ほんみち	大西愛治郎	1913	大阪府高石市
仏	国柱会	田中智学	1914	東京都江戸川区
仏	日本山妙法寺大僧伽	藤井日達	1917	東京都渋谷区
諸	円応教	深田千代子	1919	兵庫県山南町
仏	霊友会	小谷喜美	1923	東京都港区
諸	ひとのみち (パーフェクト・リバティー)	御木徳一	1924	大阪府富田林市
仏	念法真教	小倉霊現	1925	大阪市鶴見区
仏	解脱会	岡野聖法	1929	東京都新宿区
諸	生長の家	谷口雅春	1930	東京都渋谷区
仏	創価学会	牧口常三郎	1930	東京都新宿区
諸	世界救世教	岡田茂吉	1934	静岡県熱海市
仏	孝道教団	岡野正道	1935	横浜市神奈川区
仏	立正佼成会	庭野日敬	1938	東京都杉並区
諸	天照皇大神宮教	北村サヨ	1945	山口県田布施町
諸	善隣会	力久辰斎	1947	福岡県筑紫野市
仏	真如苑	伊藤真乗	1948	東京都立川市
神	三五教	中野与之助	1949	静岡県清水市
仏	妙智会	宮本ミツ	1950	東京都渋谷区
仏	仏所護念会	関口嘉一	1950	東京都港区
仏	最上稲荷教	稲荷日宣	1951	岡山市

百観音霊場

番号	西国三十三か所	か所	坂東三十三か所	か所	秩父三十四か所	か所
1	青岸渡寺	和歌山県那智勝浦町	杉本寺	神奈川県鎌倉市	妙音寺	秩父市栃谷
2	紀三井寺	〃 和歌山市	岩殿寺	〃 逗子市	真福寺	〃 山田
3	粉河寺	〃 粉河町	安養院	〃 鎌倉市	常泉寺	〃 〃
4	横尾寺	大阪府和泉市	長谷寺	〃 〃	金昌寺	〃 〃
5	葛井寺	〃 藤井寺市	勝福寺	〃 小田原市	長興寺	〃 〃
6	壺阪寺	奈良県高取町	長谷寺	〃 厚木市	卜雲寺	秩父郡横瀬村
7	岡寺	〃 明日香村	光明寺	〃 平塚市	法長寺	〃 〃
8	長谷寺	〃 桜井市	星谷寺	〃 座間町	西善寺	〃 〃
9	南円堂	〃 奈良市	慈光寺	埼玉県都幾川村	明智寺	〃 〃
10	三室戸寺	京都府宇治市	正法寺	〃 東松山市	大慈寺	〃 〃
11	上醍醐寺	京都市伏見区	安楽寺	〃 吉見町	常楽寺	秩父市坂氷
12	岩間寺	滋賀県大津市	慈恩寺	〃 岩槻市	野坂寺	〃 野坂町
13	石山寺	〃 〃	浅草寺	東京都台東区	慈眼寺	〃 大宮町
14	三井寺	〃 〃	弘明寺	神奈川県横浜市	今宮坊	〃 中町
15	観音寺	京都市東山区	長谷寺	群馬県榛名町	少林寺	〃 番場
16	清水寺	〃 〃	水沢寺	〃 伊香保町	西光寺	〃 大宮
17	六波羅蜜寺	〃 〃	満願寺	栃木県栃木市	定林寺	〃 桜木

＊市町村合併で所在地名が変わることがあります。

（西国・坂東・秩父）

No.	西国 寺名	西国 所在地	坂東 寺名	坂東 所在地	秩父 寺名	秩父 所在地
18	六角堂	京都市中京区	中禅寺	栃木県日光市	神門寺	秩父市下宮地
19	革堂	〃右京区	大谷寺	〃宇都宮市	竜石寺	〃大畑
20	善峰寺	京都市西京区	西明寺	〃益子町	岩之上堂	〃寺尾
21	穴太寺	京都府亀岡市	日輪寺	茨城県大子町	観音寺	〃寺尾
22	総持寺	大阪府茨木市	佐竹寺	〃常陸太田市	栄福寺	〃
23	勝尾寺	箕面市	正福寺	〃笠間市	音楽寺	〃
24	中山寺	兵庫県宝塚市	楽法寺	〃大和村	法泉寺	〃
25	清水寺	社町	大御堂	〃筑波町	久昌寺	〃別所
26	一乗寺	〃加西市	清滝寺	〃新治村	円融寺	〃久那
27	円教寺	〃姫路市	円福寺	千葉県銚子市	大淵寺	〃
28	成相寺	京都府宮津市	竜正院	〃下総町	橋立堂	〃下影森
29	松尾寺	〃舞鶴市	千葉寺	〃千葉市	長泉院	〃上影森
30	宝厳寺	滋賀県びわ町	高蔵寺	〃木更津市	法雲寺	秩父郡荒川村
31	長命寺	〃近江八幡市	笠森寺	〃長南町	観音院	〃小鹿野町
32	観音正寺	〃安土町	清水寺	岬町	法性寺	〃
33	華厳寺	岐阜県谷汲村	那古寺	〃館山市	菊水寺	〃吉田町
34					水潜寺	〃皆野町

新旧漢字書体

あ行

新	旧	新	旧	新	旧	新	旧	新	旧
画	畫	会	會	絵	繪	亜	亞	悪	惡
圧	壓	囲	圍	医	醫	為	爲	壱	壹
隠	隱	栄	榮	営	營	駅	驛	円	圓
塩	鹽	応	應	欧	歐	桜	櫻	穏	穩

か行

新	旧	新	旧	新	旧	新	旧	新	旧
仮	假	価	價	壊	壞	懐	懷	概	槪
拡	擴	殻	殼	覚	覺	学	學	岳	嶽
楽	樂	喝	渴	缶	罐	巻	卷	陥	陷
勧	勸	歓	歡	観	觀	気	氣	既	旣
帰	歸	偽	僞	戯	戲	擬	擬	犠	犧
旧	舊	拠	據	挙	擧	虚	虛	峡	峽
挾	挾	郷	鄕	暁	曉	勤	勤	謹	謹
区	區	駆	驅	勲	勳	薫	薰	径	徑
恵	惠	掲	揭	経	經	軽	輕	渓	溪
蛍	螢	継	繼	鶏	鷄	芸	藝	撃	擊
欠	缺	倹	儉	剣	劍	険	險	圏	圈
検	檢	験	驗	顕	顯	権	權	献	獻
研	硏	県	縣	嶮	嶮	鉱	鑛	号	號
国	國	黒	黑	穀	穀	込	込		

さ行

新	旧	新	旧	新	旧	新	旧	新	旧
済	濟	斎	齋	剤	劑	歳	歲	処	處
叙	敍	将	將	称	稱	焼	燒	証	證
奨	獎	条	條	状	狀	乗	乘	剰	剩
浄	淨	嬢	孃	譲	讓	醸	釀	触	觸
嘱	囑	寝	寢	慎	愼	尽	盡	図	圖
粋	粹	酔	醉	穂	穗	随	隨	髄	髓
枢	樞	数	數	声	聲	静	靜	斉	齊
摂	攝	窃	竊	節	節	専	專	浅	淺
戦	戰	践	踐	銭	錢	潜	潛	繊	纖
禅	禪	鮮	鮮	祖	祖	双	雙	壮	壯
争	爭	荘	莊	捜	搜	挿	插	巣	巢
曽	曾	装	裝	総	總	騒	騷	臓	臟
蔵	藏	属	屬	続	續	堕	墮	対	對

対照表 （〔　〕は旧書体）

特に書体が違うものを示す

な行
難〔難〕　弐〔貳〕　脳〔腦〕

は行
舗〔舖〕　宝〔寶〕　豊〔豐〕　墨〔墨〕　拝〔拜〕　覇〔霸〕　廃〔廢〕　売〔賣〕　博〔博〕　薄〔薄〕　麦〔麥〕　発〔發〕　蛮〔蠻〕　秘〔祕〕　浜〔濱〕　敷〔敷〕　払〔拂〕　並〔竝〕　仏〔佛〕

ま行
万〔萬〕　満〔滿〕　黙〔默〕

や行
訳〔譯〕　薬〔藥〕　与〔與〕　余〔餘〕　誉〔譽〕

ら行
乱〔亂〕　覧〔覽〕　欄〔欄〕　猟〔獵〕　緑〔綠〕　塁〔壘〕　齢〔齡〕　暦〔曆〕　歴〔歷〕　恋〔戀〕　練〔練〕　炉〔爐〕　労〔勞〕　楼〔樓〕　録〔錄〕

わ行
湾〔灣〕

た行
堕〔墮〕　対〔對〕　体〔體〕　帯〔帶〕　滝〔瀧〕　台〔臺〕　沢〔澤〕　択〔擇〕　単〔單〕　担〔擔〕　嘆〔嘆〕　団〔團〕　断〔斷〕　弾〔彈〕　遅〔遲〕　痴〔癡〕　虫〔蟲〕　昼〔晝〕　鋳〔鑄〕　聴〔聽〕　勅〔勅〕　鎮〔鎭〕　逓〔遞〕　鉄〔鐵〕　点〔點〕　転〔轉〕　伝〔傳〕　当〔當〕　党〔黨〕　闘〔鬪〕　稲〔稻〕　徳〔德〕　独〔獨〕　読〔讀〕

（随〔隨〕　髄〔髓〕　枢〔樞〕　数〔數〕　瀬〔瀨〕　声〔聲〕　婿〔壻〕　贈〔贈〕　蔵〔藏〕　臓〔臟〕　即〔卽〕　属〔屬〕　続〔續〕　節〔節〕　摂〔攝〕　窃〔竊〕　切〔切〕　浅〔淺〕　専〔專〕　戦〔戰〕　践〔踐〕　銭〔錢〕　潜〔潛〕　繊〔纖〕　禅〔禪〕　全〔全〕　双〔雙〕　争〔爭〕　荘〔莊〕　装〔裝〕　総〔總〕　層〔層〕　僧〔僧〕　騒〔騷〕　増〔增〕　憎〔憎〕　巣〔巢〕　届〔屆〕　立〔竝〕）

数　詞

あ　行

藍玉(あいだま)……………1本
家………1戸・1軒・1棟(むね)
囲碁(いご)……………1局・1番
　(碁盤)……………1面
　(石を打つ)……1目・1手
遺骨……………1体
糸………1把・1巻き・1かせ
位牌(いはい)・神霊……1柱
衣類……………1枚・1領・
　1着・1そろい・1重ね
植木……………1株・1鉢
兎(うさぎ)………1羽・1匹
馬……………1匹・1頭
　(人が乗っている場合)1騎
烏帽子(えぼし)……1頭(かしら)
帯………1本・1筋・1条
織物……………1反／1疋(ひき)

か　行

鏡………………………1面
鏡もち…………………1重ね
額………………1面・1架
掛け軸……1幅・1軸・1対
駕籠(かご)………………1挺
笠………1蓋(がい)・1笠・1枚
刀………1刀・1振(ふり)・1腰
かつお節………1節・1連・
　1折り・1台・1本
釜(かま)…………………1口(こう)
紙………1枚・1葉(よう)・1束・
　1帖(じょう)／1締め／1連
裃(かみしも)……1領(くだ)・1具(ぐ)
鴨(かも)…………1羽(わ)／1番(つがい)

蚊帳(かや)………1釣・1張
皮………………1枚・1坪
木………1本・1株・1樹
絹………………………1疋
経………………1部・1巻
薬………1剤・1服・1盛り
　(錠剤)………1錠・1粒
醬(ぎ)…………1口・1疋分
倉………………1戸前・1棟
袈裟(けさ)……………1領
香炉……………………1基
小刀……………1本・1挺(ちょう)
琴………1張・1揃い・1面

さ　行

材木……1本・1石(こく)／1才(さい)
魚………1尾・1匹・1喉(こう)
酒………………1本・1樽(たる)
　(飲む場合)……1杯・1献(こん)
詩………1編・1什(じゅう)・1聯(れん)
寺院……1寺・1宇・1堂
三味線……1棹(さお)・1挺(ちょう)
数珠(じゅず)…………1連・1具
将棋(しょうぎ)…1番・1局・1戦
将棋盤…………………1面
　(指し手)………………1手
小説……1編・1文・1巻
書籍……1冊・1巻・1編・
　1帙(ちつ)・1本・1套(とう)
書類……1通・1札・1籍
神社……………1座・1社
神体……1柱・1座・1体
厨子(ずし)………………1基
硯(すずり)………………1面

一覧 （・は単位が同じ、／は単位が異なる場合）

墨(すみ)……………………1挺(ちょう)	はかま…………1腰・1桁(けた)
すだれ……………………1張	鋏(はさみ)…………………………1挺
川柳………………………1句	箸(はし)……………1膳(ぜん)・1揃い
膳碗(ぜんわん)………1客・1人前	梯子(はしご)……………………1挺(ちょう)
そり………………………1艘	旗………………1流・1旒(りゅう)
算盤(そろばん)……………………1面	屏風(びょうぶ)……………1架／1双
た 行	琵琶(びわ)……………………1面
田…………………………1枚	笛………………1本・1管
太鼓(たいこ)……1具・1張・1柄	襖(ふすま)……1本・1枚・1領
畳………………1畳(じょう)・1枚	仏像……………1軀(く)・1体
蛸(たこ)（烏賊(いか)など）……1杯	筆………………1本・1管・1茎
太刀(たち)・剣(つるぎ)……1腰・1振	布団……1枚／1重ね・1組
箪笥(たんす)……………………1棹	船………1杯・1艘(そう)・1隻
提灯(ちょうちん)……………………1張	宝石……………………1顆(か)
手紙………1通・1本・1札	包丁……………1柄(え)・1挺(ちょう)
鉄砲………………………1挺(ちょう)	盆………………1枚・1組
手ぬぐい………1本・1筋	**ま 行**
手袋……………1組・1双	巻物……………1軸・1巻
電灯………………………1灯	幕………1枚・1帳・1走
塔婆(とうば)……………1層・1基	松飾り……………1門・1揃い
灯籠(とうろう)……………………1基	**や 行**
鳥居………………………1基	矢………1本・1筋／1束
な 行	槍(やり)……………1筋・1本
長持……………1棹・1枚	弓…………………………1張
長刀(なぎなた)………1振・1柄(え)	鎧(よろい)……………………1領(りょう)
荷物……………………1荷	鎧冑(よろいかぶと)……………………1具
（馬につけた場合）……1駄	**ら 行**
（車につけた場合）……1荷	料理……………1品・1人前
のこぎり…………………1挺(ちょう)	蠟燭(ろうそく)…………1本・1挺(ちょう)
暖簾(のれん)……………………1垂れ	**わ 行**
は 行	脇差………………………1腰(こし)
俳句………………………1句	和歌………………………1首
羽織………………………1領	綿………………1枚／1貫

名数一覧 (1)

一人 ①(いちじん) 天皇
② (いちにん) 右大臣

一の人(いちのひと) 摂政, 関白

一の上(いちのうえ) 左大臣

一の家(いちのいえ) 摂関家

二天(にてん) ①日天子, 月天子。②帝釈天, 梵天。③持国天, 多聞天

二官(にかん) 神祇官, 太政官

両界(りょうかい) 〔真言〕金剛界, 胎蔵界

両部(りょうぶ) 金剛界曼荼羅, 胎蔵界曼荼羅

両朝(りょうちょう) 南朝, 北朝

両統(りょうとう) 持明院統, 大覚寺統

三才(さんさい) 天, 地, 人

三山(さんざん) ①〔大和〕畝傍山, 天香具山, 耳梨山。②〔熊野〕本宮, 新宮, 那智。③〔出羽〕羽黒山, 月山, 湯殿山

三公(さんこう) 太政大臣, 左大臣, 右大臣。のちに左大臣, 右大臣, 内大臣

三世(さんぜ) 〔仏教〕過去, 現在, 未来。また, 前世, 現世, 来世

三史(さんし) 史記, 前漢書, 後漢書。また, 史記, 漢書, 東観漢記

三代集(さんだいしゅう) 古今和歌集, 後撰和歌集, 拾遺和歌集

三代格式(さんだいきゃくしき) 弘仁格式, 貞観格式, 延喜格式

三后(さんこう) 太皇太后, 皇太后, 皇后

三会(さんえ) ①〔南都〕御斎会=大極殿, 維摩会=興福寺, 最勝会=薬師寺。②〔京都〕最勝会=円宗寺, 法華会=円宗寺, 大乗会=法勝寺

三社(さんしゃ) 伊勢神宮, 石清水八幡宮, 賀茂神社

名 数 一 覧 (2)

三社託宣(さんしゃたくせん) 天照皇大神、八幡大菩薩、春日大明神

三宝(さんぽう) ①仏宝、法宝、僧宝。②〔東寺〕頼宝、杲宝、賢宝

三界(さんがい) 〔仏教〕欲界、色界、無色界

三品(さんぴん) 綿花、綿糸、綿布

三家(さんけ) ①〔徳川〕尾張、紀伊、水戸。②〔毛利〕毛利、吉川、小早川。③〔礼式〕伊勢、今川、小笠原

三役(さんやく) ①〔江戸時代貢租〕御伝馬宿入用、六尺給米、御蔵前入用。②〔村方役人〕名主(庄屋)、組頭、百姓代

三族(さんぞく) 父母、兄弟、子孫。また、父母、兄弟、妻子

三都(さんと) 江戸、大坂、京都

三卿(さんきょう) 田安、一橋、清水

三景(さんけい) 陸前(宮城県)の松島、安芸(広島県)の厳島、丹後(京都府)の天橋立

三尊(さんぞん) 〔仏教〕①阿彌陀如来、観世音菩薩、勢至菩薩。②釈迦如来、文殊菩薩、普賢菩薩。③薬師如来、日光菩薩、月光菩薩

三筆(さんぴつ) ①嵯峨天皇、空海、橘逸勢。②〔近世〕近衛信尹、本阿弥光悦、松花堂昭乗

三聖(さんせい) 〔書道〕空海、菅原道真、小野道風

三傑(さんけつ) 〔明治維新〕西郷隆盛、大久保利通、木戸孝允

三関(さんかん) ①伊勢(三重県)の鈴鹿の関、美濃(岐阜県)の不破の関、越前(福井県)の愛発の関、のち近江(滋賀県)の逢坂の関。②磐城(福島県)の勿来の関、岩代(福島県)

の白河の関，羽前（山形県）の念珠が関

三権（さんけん） 立法権，司法権，行政権

三蔵（さんぞう） ①斎蔵，内蔵，大蔵。②〔仏教〕経蔵，律蔵，論蔵

三賦（さんぷ） 租，庸，調

三韓（さんかん） ①〔中国〕馬韓，辰韓，弁韓。②〔日本書紀〕新羅，百済，高句麗

三職（さんしょく） ①〔律令官制〕太政大臣，左・右大臣，参議。②〔室町〕「三管領」に同じ。③〔明治維新〕総裁，議定，参与

三蹟（さんせき） 〔書道〕小野道風，藤原佐理，藤原行成。また，兼明親王，佐理，行成

三鏡（さんかがみ）大鏡，水鏡，増鏡

三大人（さんたいじん）〔国学〕荷田春満，賀茂真淵，本居宣長

三大河（さんだいが） 利根川＝坂東太郎，筑後川＝筑紫次郎，吉野川＝四国三郎

三大門（さんだいもん）〔平安京〕羅城門，朱雀門，応天門

三奇人（さんきじん）〔寛政〕林子平，高山彦九郎，蒲生君平

三奉行（さんぶぎょう） ①〔江戸〕寺社奉行，勘定奉行，町奉行。②〔軍〕大目付，旗奉行，鎗奉行。③〔下〕作事奉行，普請奉行，小普請奉行

三部経（さんぶきょう） ①〔浄土〕観無量寿経，阿彌陀経，無量寿経。②〔真言〕大日経，金剛頂経，蘇悉地経

三節会（さんせちえ）〔正月〕元日の節会，7日の白馬節会，16日の踏歌節会

名数一覧 (4)

- **三管領**(さんかんりょう) 〔室町〕斯波, 細川, 畠山
- **三所権現**(さんしょごんげん) 紀伊(和歌山県)熊野の本宮・新宮・那智の3権現
- **三種の神器**(さんしゅのじんぎ) 八咫鏡, 草薙剣, 八坂瓊曲玉
- **四大人**(したいじん) 荷田春満, 賀茂真淵, 本居宣長, 平田篤胤
- **四大師**(しだいし) 伝教大師＝最澄, 弘法大師＝空海, 慈覚大師＝円仁, 智証大師＝円珍
- **四大財閥**(よんだいざいばつ) 三井, 三菱, 住友, 安田
- **四天王**(してんのう) ①〔仏教〕多聞天(北), 持国天(東), 増長天(南), 広目天(西), ②〔源頼光〕渡辺綱, 坂田金時, 碓井貞光, 卜部季武。③〔和歌〕頓阿, 兼好, 浄弁, 慶運。④〔徳川家康〕酒井忠次, 井伊直政, 本多忠勝, 榊原康政
- **四方**(しほう) 東, 西, 南, 北
- **四民**(しみん) 士, 農, 工, 商
- **四夷**(しい) 東夷, 西戎, 南蛮, 北狄
- **四気**(しき) 春温, 夏熱, 秋涼, 冬寒
- **四声**(しせい) 平声, 上声, 去声, 入声
- **四苦**(しく) 〔仏教〕生, 老, 病, 死
- **四姓**(しせい) 源氏, 平氏, 藤原氏, 橘氏
- **四府**(しふ) 左近衛府, 右近衛府, 左兵衛府, 右兵衛府
- **四法**(しほう) 〔漢詩〕起, 承, 転, 結
- **四神**(しじん) 玄武(北), 青竜(東), 朱雀(南), 白虎(西)

名数一覧 (5)

四品(しひん) 小（6歳以上），少（16歳以上），壮（30歳以上），老（50歳以上）

四家(しけ) 〔藤原〕南家，北家，式家，京家

四座(しざ) 〔能〕観世，宝生，金春，金剛

四書(ししょ) 大学，中庸，論語，孟子

四教(しきょう) 詩，書，礼，楽

四部(しぶ) 〔仏教〕比丘，比丘尼，優婆塞，優婆夷

四道将軍(しどうしょうぐん) 北陸道＝大彦命，東海道＝武渟川別命，西海道＝吉備津彦命，山陰道＝丹波道主命

四維(しい) 艮＝北東，巽＝南東，坤＝南西，乾＝北西

四職(ししょく) ①〔平安〕左京職，右京職，大膳職，修理職。②〔室町〕山名，一色，京極，赤松

四鏡(しきょう) 大鏡，今鏡，水鏡，増鏡

四等官(しとうかん) 長官，次官，判官，主典

四箇の大事(しかのだいじ) 節会，官奏，叙位，除目

四親王家(ししんのうけ) 〔江戸〕伏見宮，桂宮，有栖川宮，閑院宮

五山(ござん) ①〔京都〕霊亀山天竜寺，万年山相国寺，洛東山建仁寺，慧日山東福寺，京城山万寿寺。②〔鎌倉〕巨福山建長寺，瑞鹿山円覚寺，亀谷山寿福寺，金峯山浄智寺，稲荷山浄妙寺

五大老(ごたいろう) 徳川家康，前田利家，毛利輝元，宇喜多秀家，小早川隆景（死後，上杉景勝）

五大官寺(ごだいかんじ) 東大寺，興福寺，延暦寺，教王護国寺（東寺），園城寺

五大明王(ごだいみょうお

名 数 一 覧 (6)

う)〔仏教〕不動明王＝中央, 降三世明王＝東方, 軍荼利夜叉明王＝南方, 大威徳明王＝西方, 金剛夜叉明王＝北方

五行(ごぎょう) 木, 火, 土, 金, 水

五刑(ごけい)〔日本〕笞, 杖, 徒, 流, 死

五色(ごしき) 青, 黄, 赤, 白, 黒

五体(ごたい) ①筋, 脈, 肉, 骨, 毛皮。②頭, 両手, 両足。③頭, 首, 胸, 手, 足。④〔書体〕篆, 隷, 真(楷), 行, 草

五官(ごかん)〔器官〕目, 耳, 鼻, 舌, 皮膚

五舎(ごしゃ)〔内裏〕昭陽舎＝梨壺, 淑景舎＝桐壺, 飛香舎＝藤壺, 凝華舎＝梅壺, 襲芳舎＝雷鳴壺

五宗(ごそう) 高祖, 曾祖, 祖, 子, 孫

五泊(ごどまり) 河尻, 大輪田泊, 魚住泊, 室泊, 韓泊

五宝(ごほう)〔仏教〕金, 銀, 真珠, 珊瑚, 琥珀

五門徒(ごもんと) 西本願寺, 東本願寺, 仏光寺, 専修寺, 興正寺

五逆(ごぎゃく) ①父・母・阿羅漢を殺すこと, 僧の和合を破ること, 仏身を傷つけること。②君主・父・母・祖父・祖母を殺すこと

五苦(ごく)〔仏教〕生, 老, 病, 死, 獄

五星(ごせい) 水星, 金星, 火星, 木星, 土星

五菜(ごさい) にら, らっきょう, わさび, ねぎ, まめ

五時(ごじ) 立春, 立夏, 大暑, 立秋, 立冬

五悪(ごあく)〔仏教〕殺生, 偸盗, 邪淫, 妄語, 飲酒

五経(ごきょう) 易経, 詩経, 書経, 春秋, 礼記

五常(ごじょう) ①仁, 義,

礼, 智, 信。②（五倫に同じ）父子の親, 君臣の義, 夫婦の別, 長幼の序, 朋友の信

五感（ごかん）　視, 聴, 嗅, 味, 触

五穀（ごこく）　米, 麦, 粟, 黍, 豆

五儀（ごぎ）　①公, 侯, 伯, 子, 男。②庸人, 士人, 君子, 賢人, 聖人。③秀士, 選士, 俊士, 造士, 進士

五臓（ごぞう）　肝臓, 心臓, 脾臓, 肺臓, 腎臓

五人女（ごにんおんな）〔西鶴〕お夏, おせん, おさん, お七, おまん

五人男（ごにんおとこ）〔歌舞伎〕日本駄右衛門, 忠信利平, 南郷力丸, 赤星重三, 弁天小僧

五人囃子（ごにんばやし）　地謡, 笛, 大鼓, 小鼓, 太鼓

五手掛（ごてがけ）〔江戸〕寺社奉行, 町奉行, 勘定奉行, 大目付, 目付

五奉行（ごぶぎょう）〔豊臣氏〕前田玄以, 長束正家, 浅野長政, 石田三成, 増田長盛

五街道（ごかいどう）　東海道, 中山道, 日光街道, 奥州街道, 甲州街道

五番方（ごばんかた）〔江戸〕大番, 書院番, 小姓番, 新番, 小十人組

五節句（ごせっく）　人日＝1月7日, 上巳＝3月3日, 端午＝5月5日, 七夕＝7月7日, 重陽＝9月9日

五摂家（ごせっけ）　近衛, 九条, 二条, 一条, 鷹司

五歌仙（ごかせん）　赤染衛門, 和泉式部, 紫式部, 馬内侍, 伊勢大輔

五畿内（ごきない）　山城, 大和, 河内, 和泉, 摂津

五衛府（ごえふ）〔令制〕衛門府, 左・右衛士府, 左

名 数 一 覧 (8)

・右兵衛府

六方(ろっぽう) 東, 西, 南, 北, 天, 地

六気(ろっき) ①陰, 陽, 風, 雨, 晦, 明。②寒, 暑, 燥, 湿, 風, 雨

六芸(りくげい) 礼, 楽, 射, 御, 書, 数

六宗(ろくしゅう) 〔南都〕華厳宗, 律宗, 三論宗, 法相宗, 成実宗, 倶舎宗

六根(ろっこん) 目, 耳, 鼻, 舌, 身, 意

六畜(りくちく) 牛, 馬, 羊, 犬, 鶏, 豚

六道(ろくどう) 〔仏教〕地獄道, 餓鬼道, 畜生道, 修羅, 人間, 天上

六腑(ろっぷ) 大腸, 小腸, 胆, 胃, 三焦, 膀胱

六義(りくぎ) 〔詩〕風, 雅, 頌, 賦, 比, 興

六国史(りっこくし) 日本書紀, 続日本紀, 日本後紀, 続日本後紀, 日本文徳天皇実録, 日本三代実録

六歌仙(ろっかせん) 在原業平, 僧正遍昭, 喜撰法師, 大友黒主, 文屋康秀, 小野小町

六曜日(ろくようにち) 先勝, 友引, 先負, 仏滅, 大安, 赤口

六所遠流(ろくしょおんる) 伊豆七島, 薩摩五島, 肥後天草, 隠岐, 壱岐, 佐渡

六衛府(ろくえふ) 左・右近衛府, 左・右衛門府, 左・右兵衛府

七官(しちかん) 〔明治〕議政官, 神祇官, 行政官, 会計官, 軍務官, 外国官, 刑法官

七宝(しちほう) 〔仏教〕金, 銀, 瑠璃, 玻璃, 硨磲, 珊瑚, 瑪瑙

七草(ななくさ) 〔春〕せり, なずな, ごぎょう, はこべら, ほとけのざ, すずな, すずしろ。〔秋〕はぎ,

おばな, くず, なでしこ, おみなえし, ふじばかま, あさがお (または, ききょう)

七座(しちざ) 〔鎌倉・室町〕絹座, 炭座, 米座, 檜物座, 千朶積座, 相物座, 馬商座。また, 魚・米・器・塩・刀・衣・薬の専売店

七党(しちとう) 〔武蔵〕丹党, 児玉党, 猪股党, 横山党, 西党, 野与党, 村山党

七道(しちどう) 東海道, 東山道, 北陸道, 山陰道, 山陽道, 南海道, 西海道

七雄(しちゆう) 〔戦国〕織田信長, 今川義元, 武田信玄, 毛利元就, 上杉謙信, 北条氏康, 豊臣秀吉

七曜(しちよう) 日, 月, 火星, 水星, 木星, 金星, 土星

七本槍(しちほんやり) 加藤清正, 福島正則, 加藤嘉明, 平野長泰, 脇坂安治, 糟屋武則, 片桐且元

七清華(しちせいが) 久我, 三条, 西園寺, 徳大寺, 花山院, 大炊御門, 今出川

七卿落(しちきょうおち) 三条西季知, 三条実美, 東久世通禧, 四条隆謌, 壬生基修, 沢宣嘉, 錦小路頼徳

七福神(しちふくじん) 大黒天, 恵比須, 毘沙門天, 弁財天, 福禄寿, 寿老人, 布袋

七堂伽藍(しちどうがらん) ①金堂, 講堂, 塔婆, 鐘楼, 経蔵, 僧坊, 食堂。②〔真言宗〕金堂, 講堂, 塔婆, 鐘楼, 経蔵, 中門, 大門。③〔禅宗〕山門, 仏殿, 法堂, 方丈, 食堂, 浴堂, 東司。④〔唐様〕仏殿, 宝塔, 東方丈, 四方丈, 鐘楼, 鼓楼, 山門

七つ道具(ななつどうぐ)

名 数 一 覧 (10)

具足, 刀, 太刀, 弓, 矢, 母衣(ほろ), 兜(かぶと)

八州(はっしゅう) 武蔵, 相模(さがみ), 安房(あわ), 上総(かずさ), 下総(しもうさ), 常陸(ひたち), 上野, 下野

八卦(はっけ) 乾(けん)＝天, 坤(こん)＝地, 坎(かん)＝水, 離(り)＝火, 艮(ごん)＝山, 兌(だ)＝沢, 巽(そん)＝風, 震(しん)＝雷

八宗(はっしゅう) 倶舎宗(くしゃ), 成実宗, 律宗(りつ), 法相宗, 三論宗, 華厳宗(けごん), 天台宗, 真言宗

八姓(はっしょう) 真人(まひと), 朝臣(あそん), 宿彌(すくね), 忌寸(いみき), 道師(みちのし), 臣(おみ), 連(むらじ), 稲置(いなぎ)

八逆・八虐(はちぎゃく) 謀反, 謀大逆, 謀叛, 悪虐, 不道, 大不敬, 不孝, 不義

八省(はっしょう) 中務省(なかつかさ), 式部省, 治部省(じぶ), 民部省, 兵部省(ひょうぶ), 刑部省, 大蔵省(おおくら), 宮内省(くない)

八家(はっか) 〔入唐〕最澄, 空海, 慈覚, 智証, 常暁, 円行, 慧運, 宗叡

八景(はっけい) 〔中国〕瀟湘八景…江天暮雪・瀟湘夜雨・山市晴嵐・遠浦帰帆・煙寺晩鐘・平沙落雁・漁村夕照・洞庭秋月。〔日本〕①近江八景…比良暮雪・矢橋帰帆・石山秋月・瀬多夕照・三井晩鐘・堅田落雁・粟津晴嵐・唐崎夜雨。②日本八景…紀州の和歌浦・摂津の住吉浦・播磨の明石浦・大和の芳野山・陸奥の塩竈浦・山城の加茂川・出羽の最上川・駿河の富士山。③南都八景…東大寺鐘・春日野鹿・南円堂藤・猿沢池月・佐保川螢・雲井坂雨・轟橋旅人・三笠山雪

八節(はっせつ) 立春, 春分, 立夏, 夏至(げし), 立秋, 秋分, 立冬, 冬至(とうじ)

八穀(はちこく) 稲, 黍(きび), 大麦, 小麦, 大豆, 小豆,

粟, 麻

八平氏(はちへいし) 〔坂東〕千葉, 上総, 三浦, 土肥, 秩父, 大庭, 梶原, 長尾

八代集(はちだいしゅう) 古今集, 後撰集, 拾遺集, 後拾遺集, 金葉集, 詞花集, 千載集, 新古今集

八州国(やしまのくに) 淡路州=淡路島, 大日本豊秋津州=本州, 伊予二名州=四国, 隠岐州=隠岐島, 佐渡州=佐渡島, 筑紫州=九州, 壱岐州=壱岐島, 対馬州=対馬

八部衆(はちぶしゅう)〔仏教〕天, 竜, 夜叉, 乾闥婆, 阿修羅, 迦楼羅, 緊那羅, 摩睺羅迦

九天(きゅうてん) ①鈞天=中央, 蒼天=東, 昊天=西, 炎天=南, 玄天=北, 変天=北東, 幽天=北西, 朱天=南西, 陽天=南東。②日天, 月天, 水星天, 金星天, 火星天, 木星天, 土星天, 恒星天, 宗動天

九界(くかい)〔仏教〕菩薩, 縁覚, 声聞, 天上, 人間, 修羅, 餓鬼, 畜生, 地獄

九星(きゅうせい) 一白(水星=北), 二黒(土星=南西), 三碧(木星=東), 四緑(木星=南東), 五黄(土星=中央), 六白(金星=北西), 七赤(金星=西) 八白(土星=北東), 九紫(火星=南)

九族(きゅうぞく) 高祖, 曾祖, 祖父, 父, 自己, 子, 孫, 曾孫, 玄孫

九清華(きゅうせいが) 久我, 三条, 西園寺, 徳大寺, 花山院, 大炊御門, 今出川, 広幡, 醍醐

九等戸(くとうこ) 上上戸, 上中戸, 上下戸, 中上戸, 中中戸, 中下戸, 下上戸, 下中戸, 下下戸

九曜星(くようせい) 日, 月, 火星 水星, 木星,

金星, 土星, 羅睺星, 計都星

十干(じっかん) 甲(きのえ), 乙(きのと), 丙(ひのえ), 丁(ひのと), 戊(つちのえ), 己(つちのと), 庚(かのえ), 辛(かのと), 壬(みずのえ), 癸(みずのと)

十方(じっぽう) 四方(東・西・南・北)とその四隅(乾・艮・巽・坤)および上・下

十体(じったい) 〔書体〕古文, 大篆, 籀文, 小篆, 八分, 隷書, 章草, 行書, 飛白, 草書。〔詩〕形似体, 質気体, 情理体, 直置体, 彫藻体, 映帯体, 飛動体, 婉転体, 清切体, 青花体。〔和歌〕①歌経標式(聚蝶・譖謦・双本・短歌・長歌・頭古腰新・頭新腰古・頭古腰古・古事意・新意体)。②忠岑(古歌体・神妙体・直体・余情体・写思体・高清体・器量体・比興体・華麗体・両方体)。③定家(幽玄様・事可然様・麗様・有心体・長高様・見様・面白様・有一節様・濃様・鬼拉体)

十刹(じっさつ) 〔京都〕等持寺, 臨川寺, 聖福寺, 安国寺, 宝幢寺, 禅興寺, 真如寺, 広覚寺, 妙覚寺, 普門寺。〔関東〕禅興寺, 瑞泉寺, 東勝寺, 万寿寺, 大慶寺, 興聖寺, 東漸寺, 善福寺, 法泉寺, 長楽寺

十哲(じってつ) 〔孔門〕顔回・閔子騫・冉伯牛・仲弓・宰我・子貢・冉有・子路・子游・子夏。〔蕉門〕榎本其角・服部嵐雪・森川許六・向井去来・各務支考・内藤丈草・立花北枝・河合曾良・志田野坡・越智越人。

十代集(じゅうだいしゅう) 古今集, 後撰集, 拾遺集, 後拾遺集, 金葉集, 詞花

集，千載集，新古今集，
新勅撰集，続後撰集

十種香(じっしゅこう) 栴檀，
沈水，蘇合，薫陸，鬱金，
青木，白膠，零陵，甘松，
鶏舌

十組問屋(とくみどいや)
塗物店組，内店組，通町
組，薬種店組，釘店組，
綿店組，表店組，川岸組，
紙店組，酒店組

十二支(じゅうにし) 子(ね)，
丑(うし)，寅(とら)，卯
(う)，辰(たつ)，巳(み)，
午(うま)，未(ひつじ)，
申(さる)，酉(とり)，戌
(いぬ)，亥(い)

十二門(じゅうにもん)〔大
内裏〕東面＝陽明門・待
賢門・郁芳門，南面＝美
福門・朱雀門・皇嘉門，
西面＝談天門・藻壁門・
殷富門，北面＝安嘉門・
偉鑒門・達智門。〔内裏〕
東面＝嘉陽門・宣陽門・
延政門，南面＝長楽門・

承明門・永安門，西面＝
武徳門・陰明門・遊義門，
北面＝徽安門・玄輝門・
安喜門

十二宮(じゅうにきゅう)
白羊宮，金牛宮，双女宮，
巨蟹宮，獅子宮，処女宮，
天秤宮，天蝎宮，人馬宮，
磨羯宮，宝瓶宮，双魚宮

十二時(じゅうにとき) 昼
の卯・辰・巳・午・未・
申と，夜の酉・戌・亥・
子・丑・寅

十二階(じゅうにかい)〔冠
位〕大徳・小徳・大仁・
小仁・大礼・小礼・大信
・小信・大義・小義・大
智・小智

十二銭(じゅうにせん)〔本
朝〕和銅開珎・万年通宝
・神功開宝・隆平永宝・
富寿神宝・承和昌宝・長
年大宝・饒益神宝・貞観
永宝・寛平大宝・延喜通
宝・乾元大宝

十二月建(じゅうにげっけ

名数一覧 (14)

ん) 正月は寅, 二月は卯, 三月は辰, 四月は巳, 五月は午, 六月は未, 七月は申, 八月は酉, 九月は戌, 十月は亥, 十一月は子, 十二月は丑

十三仏(じゅうさんぶつ) 不動, 釈迦, 文殊, 普賢, 地蔵, 彌勒, 薬師, 観音, 勢至, 阿彌陀, 阿閦, 大日, 虚空蔵

十三階(じゅうさんかい) 〔冠位〕織冠(大・小), 繡冠(大・小), 紫冠(大・小), 錦冠(大・小), 青冠(大・小), 黒冠(大・小), 建武 〈大化3年制定〉

十三代集(じゅうさんだいしゅう) 新勅撰集, 続後撰集, 続古今集, 続拾遺集, 新後撰集, 玉葉集, 続千載集, 続後拾遺集, 風雅集, 新千載集, 新拾遺集, 新後拾遺集, 新続古今集

十三門跡(じゅうさんもんぜき) 輪王寺, 妙法院, 聖護院, 昭高院, 青蓮院, 梶井宮(三千院), 曼殊院, 毘沙門堂, 円満院, 仁和寺, 大覚寺, 勧修寺, 知恩院

十五代(じゅうごだい) 〔徳川〕家康(安国院), 秀忠(台徳院), 家光(大猷院), 家綱(厳有院), 綱吉(常憲院), 家宣(文昭院), 家継(有章院), 吉宗(有徳院), 家重(惇信院), 家治(浚明院), 家斉(文恭院), 家慶(慎徳院), 家定(温恭院), 家茂(昭徳院), 慶喜

十五大寺(じゅうごだいじ) 〔延喜式〕東大寺, 興福寺, 元興寺, 大安寺, 薬師寺, 西大寺, 法隆寺, 新薬師寺, 本元興寺, 招提寺, 西寺, 四天王寺, 崇福寺, 弘福寺, 東寺

十六羅漢(じゅうろくらかん) 〔仏教〕賓度羅跋羅

惰閣, 迦諾迦跋蹉, 迦諾迦跋釐惰閣, 蘇頻陀, 諸詎羅, 跋陀羅, 迦理迦, 伐闍羅弗多羅, 戍博迦, 半吒迦, 羅怙羅, 那伽犀那, 因掲陀, 伐那婆斯, 阿氏多, 注荼半吒迦

十八般(じゅうはっぱん) 矛(てやり), 鎚(かなづち), 弓, 弩(いしゆみ), 銃(ておの), 鞭(しない), 簡(むち), 剣, 鏈(くさり), 杷(くまで), 斧(おの), 鉞(まさかり), 戈(ほこ), 戟(ほこ), 牌(たて), 棒, 槍(やり), 橛(なげぼこ)。また, 弓, 弩, 槍, 刀, 剣, 矛, 盾, 斧, 鉞, 戟, 鞭, 簡, 檢, 殳(ほこ), 把頭(くまで), 叉(さすまた), 縛縄, 白打

十八檀林(じゅうはちだんりん) 増上寺, 伝通院, 霊巌寺, 幡随院, 霊山寺, 光明寺, 常福寺, 大光院, 弘経寺(飯沼), 蓮馨寺, 勝願寺, 大善寺, 浄国寺, 大巌寺, 弘経寺(結城), 東漸寺, 晋導寺, 大念寺

二十一代集(にじゅういちだいしゅう) 古今集, 後撰集, 拾遺集, 後拾遺集, 金葉集, 詞花集, 千載集, 新古今集, 新勅撰集, 続後撰集, 続古今集, 続拾遺集, 新後撰集, 玉葉集, 続千載集, 続後拾遺集, 風雅集, 新千載集, 新拾遺集, 新後拾遺集, 新続古今集

二十一史(にじゅういっし) 〔中国〕史記, 西漢書, 東漢書, 三国志, 晋書, 南斉書, 梁書, 陳書, 後魏書, 北斉書, 後周書, 隋書, 南史, 北史, 唐書, 五代史, 宋史, 遼史, 金史, 元史

三十六歌仙(さんじゅうろっかせん) ①柿本人麻呂, 大伴家持, 在原業平, 猿丸太夫, 紀貫之, 壬生

名 数 一 覧 (16)

忠岑、素性法師、坂上是則、藤原興風、源重之、大中臣頼基、源公忠、藤原朝忠、源順、平兼盛、小大君、中務、藤原元真、山部赤人、僧正遍昭、小野小町、紀友則、凡河内躬恒、伊勢、藤原敏行、藤原兼輔、源宗于、斎宮女御、藤原敦忠、藤原高光、源信明、清原元輔、大中臣能宣、藤原仲文、藤原清正、壬生忠見。②〔中古〕和泉式部、恵慶法師、能因法師、曽禰好忠、藤原実方、平定文、大江嘉言、藤原道雅、在原元方、藤原公任、藤原高遠、藤原義孝、藤原道綱母、藤原定頼、兼覧王、文屋康秀、菅原輔正、安法法師、相模、赤染衛門、伊勢大輔、道命法師、藤原道信、清原深養父、源道済、増基法師、大江千里、大中臣輔親、馬内侍、紫式部、藤原長能、上東門院中将、在原棟梁、藤原忠房、大江匡衡、清少納言。③〔女房〕小野小町、式子内親王、伊勢、宮内卿、中務、周防内侍、斎宮女御、俊成女、季綱女、待賢門院堀川、右近衛大将道綱母、宜秋門院丹後、馬内侍、嘉陽門院越前、赤染衛門、二条院讃岐、和泉式部、小侍従、女蔵人右近、後鳥羽院下野、紫式部、弁内侍、小式部、少将内侍、伊勢大輔、殷富門院大輔、清少納言、土御門院小宰相、大弐三位、八条院高倉、高内侍、後嵯峨院中納言典侍、一宮紀伊、式乾門院御匣、相模、藻壁門院少将

歴史上の度量衡

尺貫法の基本単位

長さ(度)	1 丈＝10尺＝100寸＝1000分＝10000厘 曲尺 1 尺＝鯨尺 8 寸＝30.303㌢
里　程	1 里＝36町＝3927㍍，1 町＝60間＝109.09㍍，1 間＝曲尺 6 尺＝181.818㌢
容 量(量)	1 石＝10斗＝100升＝1000合＝10000勺＝100000撮(才)＝180.39㍑
重 さ(衡)	1 貫＝1000匁＝10000分＝100000厘＝3.75㌕。1 斤＝160匁＝600㌘
広さ(面積)	1 町＝10反＝100畝＝99.174㌃。1 畝＝30歩 1 歩＝1 坪（6 尺平方）＝3.3058平方㍍

長さ(度)
令制…周尺＝曲尺の0.64尺，晋尺＝曲尺の0.8尺
　　　大尺＝高麗尺＝曲尺の約 1 尺 1 寸 7 分
　　　小尺＝唐大尺＝曲尺の約 9 寸 8 分
近世…呉服尺＝曲尺の 1 尺 2 寸
　　　鯨尺＝曲尺の 1 尺 2 寸 5 分
　　　文尺　10文＝曲尺の 8 寸＝24.24㌢

測地・里程
令制…1 里＝5 町＝300歩，1 歩＝1 間＝大尺 5 尺
近世…1 里＝36町（伊勢路は48町，佐渡は50町等一定せず）

容量(量)
令制…令大枡　大枡1升＝小枡3升（今の約 4 合）
　　　宣旨枡　1 升＝京枡の0.627升（今の約 6 合）
近世…京枡　1 升＝64.827立方寸（4.9寸×4.9寸×2.7寸）

重さ(衡)
令制…1 斤＝16両，大 1 斤＝小 3 斤（今の180匁）
近世…1 斤＝160匁（180匁，200匁などもあった）＝600㌘
　　　1 貫目＝1000匁（文目）＝3.75㌕

広さ(面積)
令制…1 町＝10段＝3600歩，1 歩＝高麗尺の方 6 尺
近世…太閤検地 1歩＝1間(6尺3寸)平方・幕藩体制下 1歩＝1間(6尺)平方

度量衡換算速算表

《度》

変換	方法1	方法2
尺→メートル	3倍して10で割る	1割増えて3倍する
間→メートル	1割引きを2倍する	1割増えて2倍で割る
町→メートル	1割加えて100倍する	1割引きを100で割る
里→キロメートル	3割加えて3倍する	2％加えて4で割る
鯨尺→メートル	5割引きを4で割る	5倍して28で割る

《量》

変換	方法1	方法2
升→リットル	9倍して5で割る	5倍して9で割る
石→リットル	900倍して5で割る	5倍して900で割る

《衡》

変換	方法1	方法2
貫→キログラム	4で割って15倍する	4倍して15で割る
匁→グラム	4で割って15倍する	4倍して15で割る
斤→キログラム	5で割って3倍する	5倍して3で割る
ポンド→キログラム	1割引きを2で割る	1割加えて2倍する

《面積》

変換	方法1	方法2
歩(坪)→平方メートル	1割加えて3倍する	1割引いて3で割る
畝→平方メートル	100倍して1％引く	1％加えて100で割る
反→アール	10倍して1％引く	1％加えて10で割る

度量衡

度

	尺	町	インチ	フィート	マイル	cm	m	km
1 尺	1	0.0028	11.93	0.9942	0.0002	30.30	0.30	0.00030
1 町	360	1	4295	357.91	0.0678	10909	109.09	0.10909
1 インチ	0.08282	0.0002	1	0.0833	0.00002	2.54	0.0254	0.0000254
1 フィート	100.584	0.0028	12	1	0.0002	30.48	0.3048	0.0003
1 マイル	5310.8		63360	5280	1	160934	1609.3	1.609344
1 cm	0.033	0.00009	0.3937	0.0328	0.000006	1	0.01	0.00001
1 m	3.3	0.0092	39.37	3.28084	0.00062	100	1	0.001
1 km	3300	9.1666	39370.1	3280.9	0.621391	100000	1000	1

面積

	平方メートル	アール	平方フィート	平方ヤード	平方尺	坪	町歩
1 平方メートル	1	0.01	10.7643	1.1960	10.8900	0.30250	0.00010
1 アール	100	1	1076.39	119.599	1089	30.2500	0.01008
1 平方フィート	0.09290	0.00093	1	0.1111	1.01171	0.02810	0.00001
1 平方ヤード	0.83609	0.00836	9	1	9.10543	0.25293	0.00008
1 平方尺	0.091827	0.00092	0.98846	0.10983	1	0.02778	0.00001
1 坪	3.30579	0.03306	35.58447	3.95372	36	1	0.00033
1 町歩	9917.35	99.1735	106750	11861.4	108000	3000	1

*1町歩=10反(段)=100畝=3000歩(坪)=約99アール=約1ヘクタール弱

換　算　表

容量

	石	升	立方尺	ガロン(英)	立方フィート	立方インチ	リットル	ガロン(米)
1 石	1	100	6.4827	39.7034	6.37	11008.7	180.391	47.654
1 升	0.01	1	0.064827	0.397	0.0637	110.087	1.80391	0.47654
1 立方尺	0.15	15.4	1	0.12	0.98	1093.1	27.8	7.36
1ガロン(英)	0.0252	2.52	0.16	1	0.16057	277.46	4.54346	1.20025
1立方フィート	0.1569	15.697	1.017	6.228	1	1728	28.32	7.52
1立方インチ	0.00009	0.009	0.00058	0.0036	0.000579	1	0.0164	0.0043
1リットル	0.00554	0.55435	0.0359	0.21998	0.0353	61.02	1	0.264171
1ガロン(米)	0.02098	2.09846	0.13603	0.833	0.134	231	3.78543	1

重量

	貫	斤	ピクル	英 t	米 t	キログラム	グラム
1 貫	1	6.25	0.062004	0.00369	0.0041336	3.75	0.00375
1 斤	0.16	1	0.00992	0.0005905	0.0006614	0.6	0.0006
1 ピクル	16.128	100.8	1	0.059524	0.06	60.48	0.06048
1 英 t	270.9504	1693.44	1.68	1	1.12	1016.064	1.016064
1 米 t	241.92	1512	15	0.892858	1	907.2	0.9072
1 キログラム	0.26	1.6	0.016534	0.000984	0.00110229	1	0.001
1 グ ラ ム	2.666	1666.6	16.53439	0.98419	1.10229	1000	1

近世の貨幣

金貨 両りょう・歩(分)ぶ・朱しゅ
 《**定量貨幣**》 1両=4歩(分)　1歩(分)=4朱
  大判　額面10両。実質7～8両。儀礼・贈答用。
  小判　1枚=1両
  分金　2分金・1分金（小形金・小粒金）
  朱金　2朱金・1朱金
銀貨 貫・匁・分ぶ・厘りん・毛…
 《**秤量ひょうりょう貨幣**》取引のたびに目方をはかる。
  銀1貫目=1000匁。銀50匁(のち60匁)=金1両
  白銀　1枚=43匁　贈答用
  丁銀ちょうぎん　30匁～43匁。切り遣いする。
  小粒銀　（豆板銀・小玉銀）　1匁～10匁位
  五匁銀　1枚=5匁。最初の表記銀貨。
銭貨 貫・文もん
  寛永通宝1枚=1文
   1000文=1貫文　銭4貫文=金1両
  鐚びた　（鐚銭の略称）
   一般の銭貨を指す。京きょう銭も同じ。
  永えい　（永楽銭の略称）
   金1両=永1貫文　金1歩=永250文
  九六銭くろくせん　（九六百ぴゃく・省百ぴゃく・省銭しょう）
   銭96文を100文とする銭緡さし法。
  短銭　銭貨80枚=100文
  長銭　銭貨100枚=100文

〔貨幣換算率〕　　金1両=銀50匁(のち60匁)=銭4貫文
 (1609年)　　金1両=4歩(分)　　1歩(分)=4朱
     銀1貫目=1000匁　銭1貫文=1000文

〔貨幣の呼称〕

一枚まい　大判・小判・南鐐二朱銀などを数える。
一金えん　両と同じ。（例）5金=金5両
一銅どう・**銭**せん　銭貨の文と同じ。（例）15銅=銭15文
一片　二朱銀1枚のこと。（例）南鐐1片
一疋ひき　1疋=銭10文，10疋=100文，100疋=1貫文

方位・時刻表

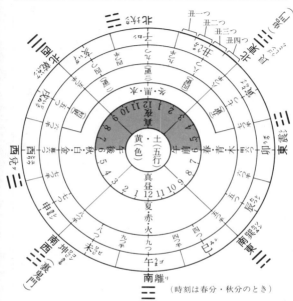

（時刻は春分・秋分のとき）

四神獣＝蒼龍(青)・朱雀(赤)・白虎(白)・玄武(黒)

江戸時代の不定時法（夜明けと日暮れが基礎）

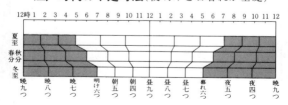

月齢表・月の名称

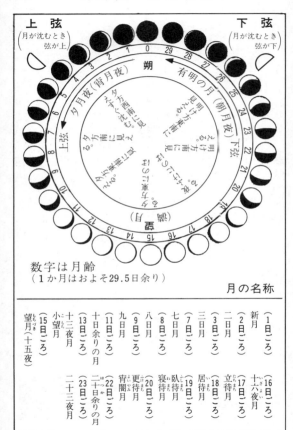

数字は月齢
（1か月はおよそ29.5日余り）

月の名称

（1日ごろ）新月	（16日ごろ）十六夜月
（2日ごろ）二日月	（17日ごろ）立待月
（3日ごろ）三日月	（18日ごろ）居待月
（7日ごろ）七日月	（19日ごろ）臥待月・寝待月
（8日ごろ）八日月	（20日ごろ）更待月
（9日ごろ）九日月	（22日ごろ）宵闇月・二十日余りの月
（11日ごろ）十日余りの月	（23日ごろ）二十三夜月
（13日ごろ）十三夜月	
（15日ごろ）小望月・望月（十五夜）	

月 の 異 名

春	1月	睦 月 (むつき)	年初月・初空月・霞初月(かすみそめつき)・孟春・ 太郎月・華歳・大簇(たいそく)・献春…
春	2月	如 月 (きさらぎ)	著更衣・雪消月・梅見月・仲春・ 夾鐘(きょうしょう)・美景・恵風・星鳥・麗月…
春	3月	弥 生 (やよい)	花月・禊月・夢見月・晩春・季春・ 姑洗(こせん)・末垂・桃緑・竹秋・曲水…
夏	4月	卯 月 (うづき)	余月・乏月・初夏・孟夏・乾梅・ 麦秋・仲呂(ちゅうりょ)・花残月・六陽…
夏	5月	皐 月 (さつき)	橘月・稲苗月・月不見月(つきみぬつき)・仲夏・ 薫風・梅夏・鶉月・端午(たんご)…
夏	6月	水無月 (みなづき)	伏月・風待月(かぜまちづき)・鳴神月(なるかみづき)・晩夏・ 常夏・季夏・林鐘・炎陽…
秋	7月	文 月 (ふづき)	親月(おやなえし)・桐月・愛逢月・七夕月・ 女郎花月・初秋・夷則(いそく)…
秋	8月	葉 月 (はづき)	壮月・月見月・燕去月・仲秋・ 竹春・迎寒・南呂(なんりょ)・秋風月…
秋	9月	長 月 (ながつき)	玄月・菊月・寝覚月・季秋・抄秋・ 無射(ぶえき)・紅葉月・終玄…
冬	10月	神無月 (かんなづき)	陽月・坤月・雷無月・初霜月・ 初冬・孟冬・小春・極陽…
冬	11月	霜 月 (しもつき)	暢月・雪待月・神帰月・神楽月・ 仲冬・陽復・天泉・黄鐘(こうしょう)…
冬	12月	師 走 (しわす)	極月・臘月・蝋月・氷月・春待月・ 杪冬・晩冬・黄冬・大呂(たいりょ)…

二十四節気・雑節

	節気	名称	現在の月日		節気	名称	現在の月日
春	正月節	立春(りっしゅん)	2月4日	秋	7月節	立秋(りっしゅう)	8月8日
	中	雨水(うすい)	19日		中	処暑(しょしょ)	24日
	2月節	啓蟄(けいちつ)	3月6日		8月節	白露(はくろ)	9月8日
	中	春分(しゅんぶん)	21日		中	秋分(しゅうぶん)	24日
	3月節	清明(せいめい)	4月5日		9月節	寒露(かんろ)	10月8日
	中	穀雨(こくう)	21日		中	霜降(そうこう)	24日
夏	4月節	立夏(りっか)	5月6日	冬	10月節	立冬(りっとう)	11月8日
	中	小満(しょうまん)	22日		中	小雪(しょうせつ)	23日
	5月節	芒種(ぼうしゅ)	6月6日		11月節	大雪(たいせつ)	12月8日
	中	夏至(げし)	21日		中	冬至(とうじ)	22日
	6月節	小暑(しょうしょ)	7月8日		12月節	小寒(しょうかん)	1月5日
	中	大暑(たいしょ)	23日		中	大寒(だいかん)	20日

	雑節名	現在の月日		雑節名	現在の月日
春	節分	2月3日	夏	夏の土用	7月20日
	春の彼岸	3月18日		二百十日	9月1日
	春の土用	4月17日	秋	秋の彼岸	9月20日
夏	八十八夜	5月2日		秋の土用	10月21日
	入梅	6月11日	冬	冬の土用	1月18日
	半夏生(はんげしょう)	7月2日			

○現在の日付は、おおむねこの通りであるが、年によっては1日ほどずれる。

年中行事（江戸時代,民間）(*はその月の内に行われる行事)

一月	(1日)門松, 若水, 恵方諸社参り (2日)書初め, 掃初め, 鋤初め, 商初め (3日)月待, 元三大師参り (4日)職人家業始め (7日)七日正月, 七草, 門松納 (10日)十日えびす (11日)鏡開き, 蔵開き (14日)十四日年越し (15日)小正月, 左義長, 小豆粥 (16日)藪入り (18日)大師粥 (20日)二十日正月, えびす講
二月	(1日～14日)お水取り (8日)正月事納め, 針供養 (15日)涅槃会 (23日)太子講 *(初午日)初午 *(春分日)彼岸会
三月	(3日)上巳節, 雛祭, 潮干 *勧進相撲
四月	(1日)更衣 (8日)灌仏会 (25日～5月4日)幟市
五月	(5日)端午節, 賀茂競馬 (6日)菖蒲湯 (10日)十日汁 (28日)江戸両国川開き *伊勢山田御田植
六月	(1日)富士山開き (4日)延暦寺六月会 (14日)祇園会 (15日)江戸山王祭 (24日)愛宕千日詣 (25日)天満天神祭 (晦日)名越の祓
七月	(7日)七夕 (13日)迎火 (15日)中元, 盂蘭盆会 (16日)送火, 藪入り (24日)地蔵盆 (26日)二十六夜待
八月	(1日)八朔 (15日)十五夜月見 *(秋分日)彼岸会
九月	(9日)重陽 (13日)十三夜月見
十月	(5日～15日)浄土宗諸寺十夜法要 (13日)御会式 (20日)えびす講 *(上亥日)亥子餅, 摩利支天参り
十一月	(8日)ふいご祭 (15日)七五三宮参り (24日)大師講 (28日)報恩講 *(酉日)酉の市 *(冬至)冬至粥
十二月	(18日)観音参り (26日)餅つき (28日)門松 (晦日)年越 大祓

縄文・弥生文化の編年表

東北(陸前)地方の文化		南関東地方の文化		近畿地方の文化		北九州地方の文化	
早期	常世	早期	稲荷台 拝島 井草 田戸下 花輪台 田戸上 子母口 茅山	早期	高山寺	早期	沈目 戦場ヶ谷
縄文前期	―素山― 室浜 大木1 大木2a 大木3 大木4 大木5 大木6	縄文前期	菊名 関山 黒浜 諸 水子 矢上 磯 四枚畑 草花	縄文前期	―石山― 北白川下1 北白川下2 北白川下3 大歳山	縄文前期	田中白坂 手向山 曽畑
縄文中期	大木7a 大木7b 大木8g 大木9 大木10	縄文中期	五領ヶ台 勝坂 加曽利E	縄文中期	上賀茂	縄文中期	阿高 南福寺
縄文後期	新地	縄文後期	堀ノ内 大 森 江原台 岩井行 安	縄文後期	北白川上	縄文後期	西平 三万田 御領
縄文晩期	大洞B 大洞BC 大洞C₁ 大洞C₂ 大洞A 大洞A′	縄文晩期	石神 真福寺 千綱	縄文晩期	橿原	縄文晩期	
		弥生文化中後	須和田 弥生町 前野町	弥生文化前中後	唐 古 桑 津 西ノ辻	弥生文化前中後	立屋敷 須玖 水巻町
弥生	福浦島下層 桝形囲	原史時代		原史時代		原史時代	
原史時代		歴史時代		歴史時代		歴史時代	
歴史時代							

先土器時代の石器

舟底形石器

握槌

尖頭器

細石器

搔器

切り出し形石器

ナイフ形石器

縄文時代の石器

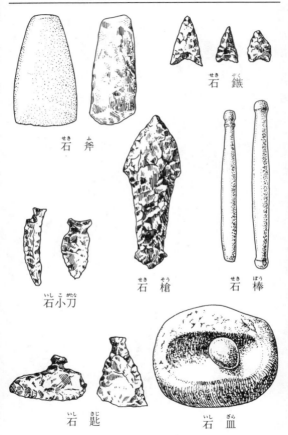

縄文土器

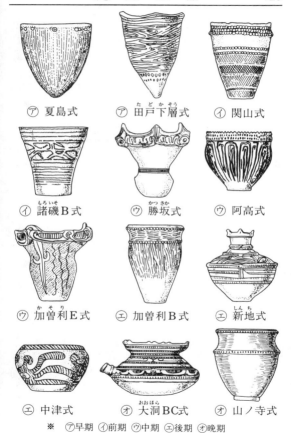

- ⑦ 夏島式
- ⑦ 田戸下層式
- ⑦ 関山式
- ⑦ 諸磯B式
- ⑦ 勝坂式
- ⑦ 阿高式
- ⑦ 加曽利E式
- ⑦ 加曽利B式
- ⑦ 新地式
- ⑦ 中津式
- ⑦ 大洞BC式
- ⑦ 山ノ寺式

※ ⑦早期 ⑦前期 ⑦中期 ⑦後期 ⑦晩期

弥生時代の石器

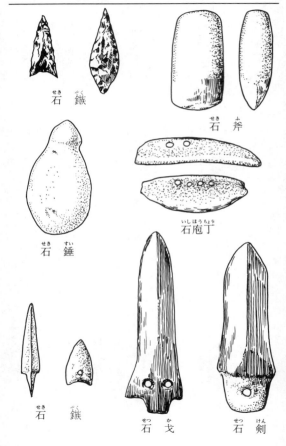

弥 生 土 器

⑦ 福岡県出土

⑦ 山口県出土

⑦ 奈良県出土

⑦ 愛知県出土

⑦ 島根県出土

⑦ 愛知県出土

⑦ 茨城県出土

⑦ 宮城県出土

⑦ 岡山県出土

⑦ 大阪府出土

⑦ 静岡県出土

⑦ 東京都出土

※ ⑦前期 ⑦中期 ⑦後期

128　　　　　　　　　　土　師　器　と

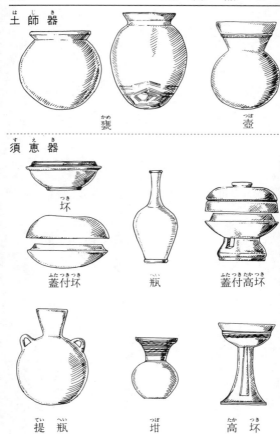

土師器

甕　　壺

須恵器

坏

蓋付坏　　瓶　　蓋付高坏

提瓶　　坩　　高坏

須恵器

椀

高坏

脚付有蓋坩

平瓶

高坏

脚付長頸坩

脚付台

大内裏図

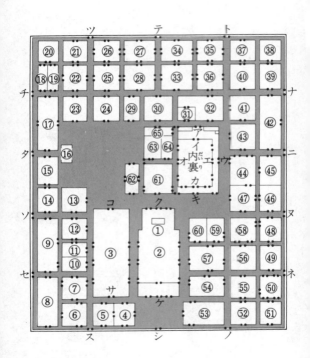

（諸官庁および諸門）(一部省略) 131

No.	名称	No.	名称	No.	名称	門名
1	大極殿（だいごくでん）	24	大歌所（おおうたどころ）	47	西雅院（さいがいん）	陽明門（ようめいもん）
2	朝堂院（ちょうどういん）	25	大蔵（おおくら）	48	雅膳職（だいぜんしき）	萱陰門（けんいんもん）
3	豊楽院（ぶらくいん）	26	大蔵（おおくら）	49	大炊寮（おおいりょう）	陰明門（おんめいもん）
4	兵部省（ひょうぶしょう）	27	大蔵（おおくら）	50	神祇官（じんぎかん）	承明門（しょうめいもん）
5	弾正台（だんじょうだい）	28	大蔵（おおくら）	51	雅楽寮（うたりょう）	建礼門（けんれいもん）
6	刑部省（ぎょうぶしょう）	29	掃部寮（かもんりょう）	52	大舎人寮（おおとねりりょう）	昭慶門（しょうけいもん）
7	治部省（じぶしょう）	30	内蔵（くら）	53	式部省（しきぶしょう）	朱雀門（すざくもん）
8	右馬寮（うまりょう）	31	南院（なんいん）	54	民部省（みんぶしょう）	応天門（おうてんもん）
9	左馬寮（さまりょう）	32	縫殿寮（ぬいどのりょう）	55	巖院省（りんいんしょう）	不老門（ふろうもん）
10	中務厨井（なかつかさくりい）	33	長殿（ながどの）	56	宮内省（くないしょう）	豊楽門（ぶらくもん）
11	御井（みい）	34	大蔵（おおくら）	57	太政官（だじょうかん）	嘉喜門（かきもん）
12	典薬寮（てんやくりょう）	35	大蔵（おおくら）	58	西院（さいいん）	朱雀門（すざくもん）
13	造酒司（みきのつかさ）	36	率分蔵（そつぶんくら）	59	陰陽寮（おんようりょう）	談天門（だんてんもん）
14	内匠（たくみ）	37	主殿寮（とのもりょう）	60	中務省（なかつかさしょう）	藻壁門（そうへきもん）
15	右兵衛府（うひょうえふ）	38	薬園（やくえん）	61	中和院（ちゅうわいん）	殷富門（いんぷもん）
16	武徳殿（ぶとくでん）	39	内教坊（ないきょうぼう）	62	真言院（しんごんいん）	上東門（じょうとうもん）
17	右近衛府（うこんえふ）	40	大宿直（おおとのい）	63	内膳司（ないぜんし）	安嘉門（あんかもん）
18	正親司（おおぎのつかさ）	41	梨本（なしもと）	64	妥女町（うねめまち）	偉鑒門（いかんもん）
19	妥女司（うねめのつかさ）	42	左近衛府（さこんえふ）	65	糸所（いとどころ）	達智門（たっちもん）
20	漆室（しつしつ）	43	職御曹司（しきのみぞうし）			上西門（じょうさいもん）
21	兵庫（ごひょうご）	44	外記庁（げきちょう）	ア	朔平門（さくへいもん）	陽明門（ようめいもん）
22	大蔵省（おおくらしょう）	45	左兵衛府（さひょうえふ）	イ	玄輝門（げんきもん）	待賢門（たいけんもん）
23	図書寮（ずしょりょう）	46	東雅院（とうがいん）	ウ	建春門（けんしゅんもん）	郁芳門（いくほうもん）／美福門（びふくもん）

朝堂院が正庁で，国家的儀式はここで行われるのが原則であったが，のち内裏の紫宸殿で行われるようになった。朝堂院の正殿は大極殿。豊楽院は宴会などを行う所である。

内 裏 図

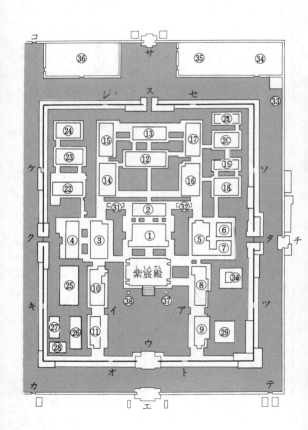

（諸建築物および諸門）（一部省略）

1 仁寿殿(じじゅでん)	17 宣耀殿(せんようでん)	28 造物所(つくもどころ)	オ 永安門(えいあんもん)
2 承香殿(しょうきょうでん)	18 昭陽舎(しょうようしゃ)（梨壺(なしつぼ)）	29 朱器殿(しゅきでん)	カ 修明門(しゅめいもん)
3 清涼殿(せいりょうでん)		30 御輿宿(みこしやどり)	キ 武徳門(ぶとくもん)
4 後涼殿(こうろうでん)	19 昭陽北舎(しょうようほくしゃ)	31 滝口陣(たきぐちのじん)	ク 陰明門(いんめいもん)
5 綾綺殿(りょうきでん)	20 淑景舎(しげいしゃ)（桐壺(きりつぼ)）	32 内御書所(うちのごしょどころ)	ケ 遊義門(ゆうぎもん)
6 温明殿(うんめいでん)		33 御樋殿(おひでん)	コ 式乾門(しきけんもん)
7 賢所(かしこどころ)	21 淑景北舎(しげいほくしゃ)	34 華芳坊(かほうぼう)	サ 朔平門(さくへいもん)
8 宣陽殿(せんようでん)	22 飛香舎(ひぎょうしゃ)（藤壺(ふじつぼ)）	35 桂芳坊(けいほうぼう)	シ 安嘉門(あんかもん)
9 春興殿(しゅんこうでん)		36 蘭林坊(らんりんぼう)	ス 徽安門(きあんもん)
10 校書殿(きょうしょでん)	23 凝華舎(ぎょうかしゃ)（梅壺(うめつぼ)）	37 桜(さくら)	セ 安喜門(あんきもん)
11 安福殿(あんぷくでん)		38 橘(たちばな)	ソ 嘉陽門(かようもん)
12 常寧殿(じょうねいでん)	24 襲芳舎(しほうしゃ)（雷鳴壺(かんなりつぼ)）		タ 宣陽門(せんようもん)
13 貞観殿(じょうがんでん)		ア 日華門(にっかもん)	チ 建春門(けんしゅんもん)
14 弘徽殿(こきでん)	25 蔵人所町屋(くろうどどころまちや)	イ 月華門(げっかもん)	ツ 延政門(えんせいもん)
15 登華殿(とうかでん)	26 進物所(しんもつどころ)	ウ 承明門(しょうめいもん)	テ 春華門(しゅんかもん)
16 麗景殿(れいけいでん)	27 造物所(つくもどころ)	エ 建礼門(けんれいもん)	ト 長楽門(ちょうらくもん)

紫宸殿が正殿で、元来は日常の公事(くじ)を行うところである。天皇の常の御座は、平安時代の初めは仁寿殿であったが、のち清涼殿が用いられ、昼の御座(おとど)、夜の御殿（天皇の寝所）などの間仕切りがある。⑫〜㉔の一角が後宮で、皇后・中宮・妃(きさき)やそれに仕える女官が居住した。

◎おもな京(みやこ)　（一部省略）

飛鳥京	推古天皇	593年～ 694年
藤原京	持統天皇	694年～ 710年
平城京	元明天皇	710年～ 794年
平安京	桓武天皇	794年～1869年
東　京	明治天皇	1869年～

大内裏・内裏の図および表は平安京

紋　章（皇室・公家・武家）

菊
（皇室）

下藤丸
（二条）

鶴　丸
（日野）

笹龍胆
（源氏）

揚羽蝶
（平氏）

二引両
（足利）

大中黒
（新田）

菊　水
（楠木）

扇に月丸
（佐竹）

折敷三文字
（越智）

桔　梗
（土岐）

三頭巴
（宇都宮）

九　曜
（細川）

三階菱
（小笠原）

三　鱗
（後北条）

瞿　麦
（斎藤）

横木瓜
（朝倉）

抱杏葉
（大友）

割　菱
（武田）

竹に雀
（上杉）

（武家）

蛇　目（加藤）	五葉木瓜（織田）	太閤桐（豊臣秀吉）	三葉葵（徳川）
鶴　丸（南部）	竹の丸に二羽雀（伊達）	六連銭（真田）	梅　鉢（前田）
丸に剣酢漿草（酒井）	源氏車（榊原）	丸に橘（井伊）	蔦（藤堂）
立沢瀉（水野）	鎧　蝶（池田）	丸に違鷹羽（浅野）	一文字三星（毛利）
丸に三葉柏（山内）	黒　餅（黒田）	抱杏葉（鍋島）	丸に十文字（島津）

136 紋　章（天文紋・地文紋・植物紋）

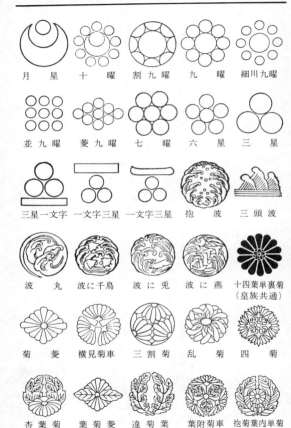

月星	十曜	割九曜	九曜	細川九曜
並九曜	菱九曜	七曜	六星	三星
三星一文字	一文字三星	一文字三星	抱波	三頭波
波丸	波に千鳥	波に兎	波に燕	十四葉単裏菊（皇族共通）
菊菱	横見菊車	三割菊	乱菊	四菊
杏葉菊	葉菊菱	違菊葉	葉附菊車	抱菊葉内単菊

（植物紋）

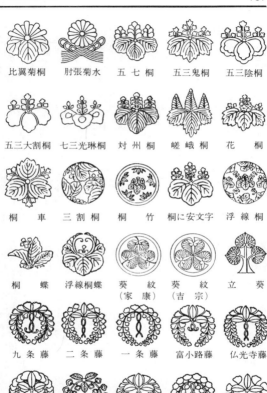

比翼菊桐	肘張菊水	五七桐	五三鬼桐	五三陰桐
五三大割桐	七三光琳桐	対州桐	嵯峨桐	花　桐
桐　車	三割桐	桐　竹	桐に安文字	浮線桐
桐　蝶	浮線桐蝶	葵　紋（家康）	葵　紋（吉宗）	立　葵
九条藤	二条藤	一条藤	富小路藤	仏光寺藤
内　藤	内藤(村上)藤	蔓下藤	発羅藤	発羅藤

紋章（植物紋）

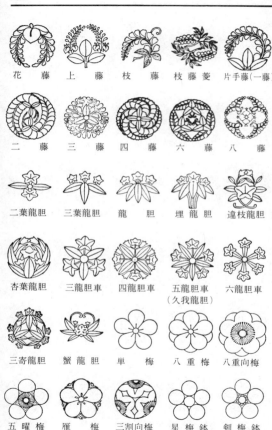

花藤　上藤　枝藤　枝藤菱　片手藤(一藤)

二藤　三藤　四藤　六藤　八藤

二葉龍胆　三葉龍胆　龍胆　埋龍胆　違枝龍胆

杏葉龍胆　三龍胆車　四龍胆車　五龍胆車(久我龍胆)　六龍胆車

三寄龍胆　蟹龍胆　単梅　八重梅　八重向梅

五曜梅　雁梅　三割向梅　星梅鉢　剣梅鉢

(植物紋)

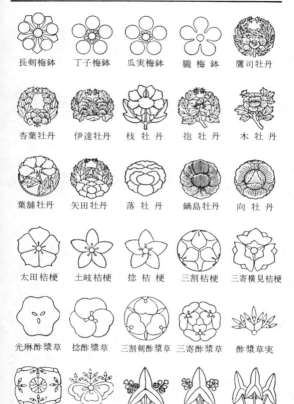

長剣梅鉢	丁子梅鉢	瓜実梅鉢	朧梅鉢	鷹司牡丹
杏葉牡丹	伊達牡丹	枝牡丹	抱牡丹	木牡丹
葉舗牡丹	矢田牡丹	落牡丹	鍋島牡丹	向牡丹
太田桔梗	土岐桔梗	捻桔梗	三割桔梗	三寄横見桔梗
光琳酢漿草	捻酢漿草	三割剣酢漿草	三寄酢漿草	酢漿草実
酢漿草崩	酢漿草桐	立沢瀉(土井)	水沢瀉(水野)	三本沢瀉(築田)

紋　章（植物紋）

三本沢瀉　三盛立沢瀉　子持葉抱沢瀉　三追沢瀉　沢瀉巴

沢瀉扇　沢瀉鶴　橘　向　橘　違　橘

花　橘　三　橘　三　橘　三橘(黒田)　尻合三橘

三盛橘　五　橘　三割橘丸　平戸梶　諏訪梶

梶　菱　抱　梶　違　梶　三割梶　三寄梶

梶葉車　違茗荷　花茗荷　茗荷巴　追茗荷

(植物紋)

尻合茗荷	丸に八葉抱茗荷	違 柏	違柏(中川柏)	三柏(土佐柏)
三柏(牧野柏)	蔓 柏	五徳柏	追 柏	剣 柏
結 柏	抱三枚柏	抱三枚柏	三枚立柏	輪違柏
五葉柏	枝 柏	枝柏丸	二寄松	三寄松
櫛 松	抱若松	四若松	三唐松	松葉菱
松葉桔梗	松葉桜	三松葉に三松毬	三枚笹	九枚笹丸

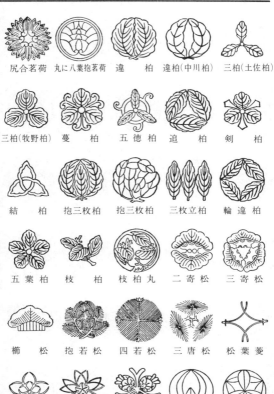

紋章（植物紋）

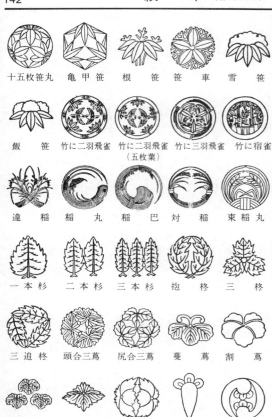

十五枚笹丸　亀甲笹　根笹　笹車　雪笹

飯笹　竹に二羽飛雀　竹に二羽飛雀（五枚葉）　竹に三羽飛雀　竹に宿雀

違稲　稲丸　稲巴　対稲　束稲丸

一本杉　二本杉　三本杉　抱柊　三柊

三追柊　頭合三蔦　尻合三蔦　蔓蔦　割蔦

三盛蔦　蔦菱　対蔦　一丁子　二丁子巴

（植物紋）

違丁子	入違丁子	尻合三丁子	三盛丁子	三丁子巴
剣丁子	角立四丁子	丁子菱	五丁子車	丁子亀甲
六丁子車	七丁子車	八丁子車	九丁子車	銀杏巴
対銀杏	違銀杏	三銀杏	三軸銀杏	五軸銀杏
六銀杏	十六銀杏	抱杏葉	抱杏葉	抱杏葉
立花杏葉	鍋島杏葉	壬生杏葉	三盛杏葉	追杜若

紋 章（植物紋）

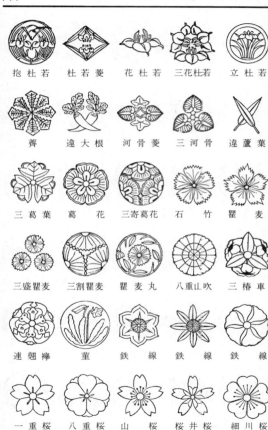

抱杜若　杜若菱　花杜若　三花杜若　立杜若

蕀　違大根　河骨菱　三河骨　違蘆葉

三葛葉　葛花　三寄葛花　石竹　瞿麦

三盛瞿麦　三割瞿麦　瞿麦丸　八重山吹　三椿車

連翹欅　菫　鉄線　鉄線　鉄線

一重桜　八重桜　山桜　桜井桜　細川桜

（植物紋・動物紋）

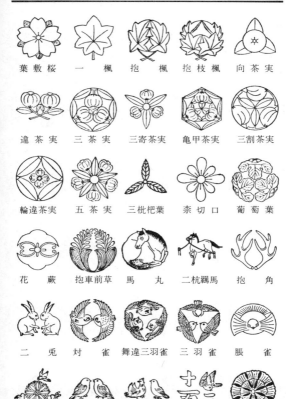

葉敷桜　一　楓　抱　楓　抱枝楓　向茶実

違茶実　三茶実　三寄茶実　亀甲茶実　三割茶実

輪違茶実　五茶実　三枇杷葉　桼切口　葡萄葉

花　蕨　抱車前草　馬　丸　二杭覊馬　抱　角

二　兎　対　雀　舞違三羽雀　三羽雀　脹　雀

鳩に寓生　対　鳩　鳩に鶯鷥　鳩に三十万字　寓　生

紋　章（動物紋）

舞違鳥	鶴　丸	降鶴丸	鶴丸(佐伯鶴)	鶴丸(鳥居鶴)
鶴丸(諏訪鶴)	鶴丸(森鶴)	光琳鶴丸	折　鶴	鶴　菱
咬合鶴丸	南部鶴丸	三羽鶴丸	三舞違雁丸	二　遠　雁
雁　菱	三　遠　雁	頭合三遠雁	五　遠　雁	対　結　雁
尻合結雁	一本鷹羽	折鷹羽丸	違鷹羽(高木)	違鷹羽(浅野)
抱鷹羽丸	三本違鷹羽	鷹羽車	尾長鳥丸	蓑亀丸

(動物紋・営造物紋・器財紋)

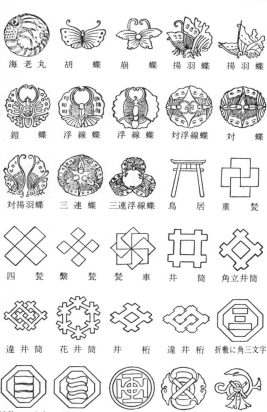

海老丸	胡蝶	崩蝶	揚羽蝶	揚羽蝶
鎧蝶	浮線蝶	浮線蝶	対浮線蝶	対蝶
対揚羽蝶	三連蝶	三連浮線蝶	鳥居	重鐙
四鐙	繋鐙	鐙車	井筒	角立井筒
違井筒	花井筒	井桁	違井桁	折敷に角三文字
折敷に三文字	折敷に三文字	中川久留子	結無祇園守	中結祇園守

紋章（器財紋）

六剣輪宝　八剣輪宝　八剣輪宝　八剣輪宝　八剣輪宝（加納輪宝）

菊輪宝　八剣輪宝（三宅輪宝）　津軽輪宝　三打板　一先割矢羽

違先割矢羽　違片矢羽　一矢　二矢　違鏑矢

三本矢　三違雁股矢　三違矢　三矢　矢扇

六鎌　矢筈十文字　三寄矢筈　蛇目　三盛蛇目

剣三蛇目　七蛇目　蛇目九曜　三軍配団扇　三団扇

(器財紋)

団扇梅鉢	繋轡	帆懸船	霞に帆	碇丸
三 碇	六本骨源氏車	八本骨源氏車	片輪車	重波切車
蔓柏に源氏車	九枚羽団扇	違羽帚	抱羽帚	白 餅
黒 餅	洲 浜	足長洲浜（履洲浜）	三 洲 浜	一束熨斗
違熨斗	焔 玉	三本傘	披三本傘	三階笠
三笠丸	編 笠	唐人笠	三陣笠	並笠（柳生）

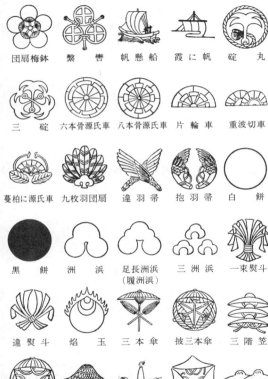

紋 章 (器財紋)

二本並畳扇	違畳扇	扇車	扇に月丸	重扇
違扇	四開扇丸	開中啓	三開中啓丸	開扇
扇沢瀉	並扇菱	横扇菱	五開扇丸	一地紙
生菅	違鎌	万字鎌	八柄杓車	違手杵
一釘抜	重釘抜	違釘抜	梃附釘抜	釘抜座に梃
打出小槌	三盛輪鼓	八本骨風車	六段鞠挾	八段鞠挾

(器財紋・文様紋)

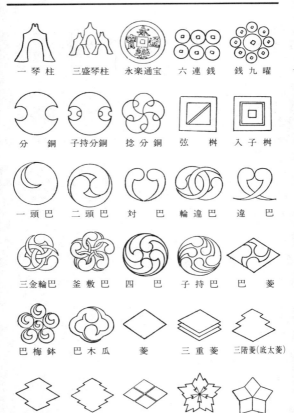

一琴柱	三盛琴柱	永楽通宝	六連銭	銭九曜
分銅	子持分銅	捻分銅	弦桝	入子桝
一頭巴	二頭巴	対巴	輪違巴	違巴
三金輪巴	釜敷巴	四巴	子持巴	巴菱
巴梅鉢	巴木瓜	菱	三重菱	三階菱(底太菱)
松皮菱(中太菱)	五階菱(溝口菱)	割菱(武田菱)	五松皮菱	五菱

紋章（文様紋）

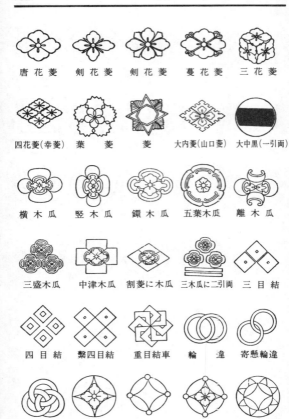

唐花菱	剣花菱	剣花菱	蔓花菱	三花菱
四花菱(幸菱)	葉菱	菱	大内菱(山口菱)	大中黒(一引両)
横木瓜	竪木瓜	鐶木瓜	五葉木瓜	離木瓜
三盛木瓜	中津木瓜	割菱に木瓜	三木瓜に二引両	三目結
四目結	繋四目結	重目結車	輪違	寄懸輪違
結三輪違	花輪違	七宝輪違	七宝花輪違	輪違崩

(文様紋・文字紋) 153

二 鱗　　三 鱗　　五 鱗　　七 鱗　　二重亀甲に唐花

子持亀甲　三割亀甲に唐花　三盛亀甲に七曜　持合三亀甲　三盛亀甲に唐花

浮線唐花　　変 唐 花　　剣五葉唐花　三割五角唐花　六葉唐花

一 文 字　　八 文 字　　十文字(森)　丸に十文字　大 文 字

上藤丸に大文字　山 文 字　　山文字菱　　山文字丸　　三山文字丸

右 万 字　　左 万 字　　角立万字　　万 字 菱　　上文字(村上)

神社

《正面》　　　　　　　《側面》

神明造（皇大神宮正殿）

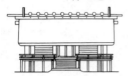

大社造（出雲大社本殿）

住吉造（住吉大社本殿）

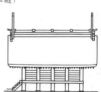

春日造（春日大社本殿）

《正面》　　　　　　　《側面》

流　造（賀茂御祖神社本殿）

八幡造（宇佐神宮本殿）

日吉造（日吉大社西本宮本殿）

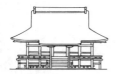 

権現造（大崎八幡神社本殿）

 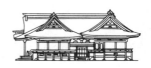

仏 像 の

如来

大日如来

阿弥陀如来

**菩薩
観音**

弥勒菩薩

聖観音

十一面観音

明王

不動明王

天部

持国天

種　　類

釈迦如来

薬師如来

千手観音

如意輪観音

地蔵菩薩

増長天

広目天

多聞天

印　契

	上　品	中　品	下　品
上生（定印）			
中生（説法印）			
下生（引摂印）			

（例．左上隅の印契は上品上生の印契と呼ぶ）

《九品の印》

弥陀定印　　合掌印　　金剛合掌印　　施無畏印

妙観察智印　　　降魔印　　　　与願印

転法輪印　　　来迎印　　　　智拳印

法界定印　　　説法印　　　　触地印

石　塔

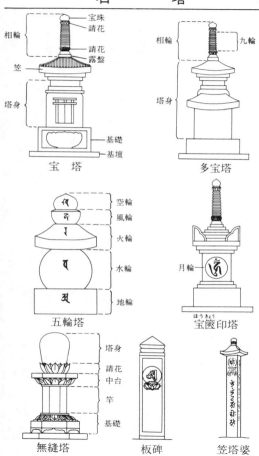

宝塔 / 多宝塔 / 五輪塔 / 宝篋印塔（ほうきょう） / 無縫塔 / 板碑 / 笠塔婆

十三仏の例

大日如来
(胎蔵界)
(アーンク)

薬師如来 (ベイ)		不動明王 (カーン)
観世音菩薩 (サ)		釈迦如来 (バク)
勢至菩薩 (サク)		文殊菩薩 (マン)
阿弥陀如来 (キリーク)		普賢菩薩 (アン)
阿閦(あしく)如来 (ウン)		地蔵菩薩 (カ)
虚空蔵菩薩 (タラーク)		弥勒菩薩 (ユ)

庚申塔の例

大日如来(アーンク) / 不動明王(カーン) / 青面金剛(ウン) / 大請願結合(ボロン) / 諸仏一切(シャ) / 月天子(シャ) / 日天子(ア) / 地蔵(カ)

屋根と破風

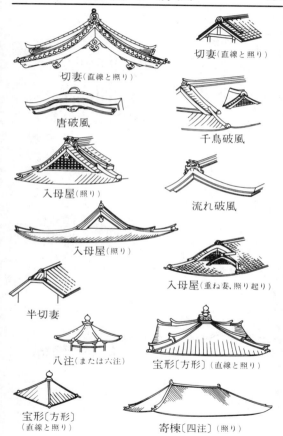

表装・造本

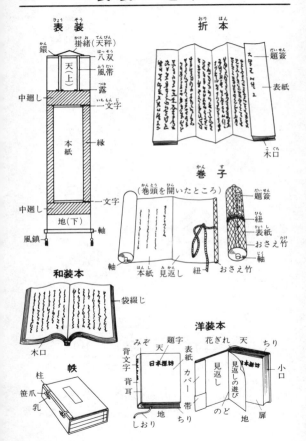

日本史の人々 (1) (大和)

*人の生没年は、特に古代においては、辞書によって相違するものがある。

大和時代の人々

神武天皇　　？　　　　　初代天皇
日本武尊　　？　　　　　諸国征討
卑弥呼　　3世紀ごろ　　　邪馬台国

《大和の政権》

応神天皇15代　4世紀末ごろ　讃？
仁徳天皇16代　290~399　仁政
雄略天皇21代　418~479　武？
弓月君(秦氏祖)　4~5世紀ごろ　養蚕
阿知使主(霊帝裔)　5世紀ごろ　新技術
王仁　百済　4~5世紀　論語
聖明王 25代(百済王)?~554　仏像献上
継体天皇26代 450~31　越前系
磐井　　？~528　筑紫反乱
欽明天皇29代 510~70　仏教伝来
大伴金村　5C末~6C中　任那
物部守屋　　？~587　排仏論
蘇我馬子　　？~626　崇仏論
崇峻天皇32代　？~592　暗殺
推古天皇33代 554~28　飛鳥女帝
聖徳太子　574~22　推古摂政
　十七条憲法・仏教・国史
小野妹子　7世紀前半　遣隋使
裴世清 隋　6~7世紀　隋使者
高向玄理　　？~654　国博士

僧 旻　　？~653　〃八省
南淵請安　7世紀ごろ　改新策
鞍作鳥 (止利) 6~7世紀　飛鳥仏
曇徴 高句麗6~7世紀　僧・紙墨

《大化の改新》

舒明天皇34代 593~41　遣唐派遣
皇極天皇35代 594~61　舒明后
斉明天皇37代→皇極重祚　百済救援
安倍比羅夫　7世紀ごろ　蝦夷征伐
蘇我蝦夷　　？~645　豪族自殺
蘇我入鹿　　？~645　〃暗殺
山背大兄王　？~643　入鹿自害
孝徳天皇36代 597~54　大化改新
中臣鎌足　614~69　大化改新
有間皇子　640~58　謀事絞殺
天智天皇38代 626~71　中大兄
　大化改新の中心・近江令
弘文天皇39代 648~72　大友皇子
天武天皇40代　？~686　大海人
　壬申の乱・律令・皇親政治
大津皇子　663~86　自殺
持統天皇41代 645~02　天武后
柿本人麻呂　7~8世紀　歌聖
額田王　　7~8世紀　女流歌人
文武天皇42代 683~07　大宝律令
刑部親王　　？~705　大宝律令

日本史の人々 (2)

奈良時代の人々

《平城京》

元明天皇43代	661~21	平城京
犬上御田鍬	7世紀	遣唐使
阿倍仲麻呂	698~70	唐客死
藤原清河	?~799	大使〃
藤原不比等	659~20	光明父
藤原武智麻呂	680~37	南家祖
藤原房前	681~37	北家祖
聖武天皇45代	701~56	天平文化
長屋王	684~29	謀自殺
光明皇后	701~60	施薬院
橘諸兄	684~57	左大臣
玄昉	?~746	政僧
吉備真備	693~75	学者大臣
藤原広嗣	?~740	乱敗死
孝謙天皇46代	718~70	大仏開眼
称徳天皇48代(孝謙重祚)		道鏡重用
橘奈良麻呂	721?~57	乱刑死
藤原仲麻呂	706~64	反道鏡斬罪
道鏡	?~772	禅師法王
和気清麻呂	733~99	宇佐神託
光仁天皇49代	709~81	道鏡左遷
行基	668~49	民間布教
鑑真 唐	688~63	唐招提寺
太安万侶	?~723	古事記
稗田阿礼	7~8世紀	〃暗唱
舎人親王	676~35	日本書紀
淡海三船	722~85	文章博士
石上宅嗣	729~81	図書館
山上憶良	660~33	万葉歌人
山部赤人	7~8世紀	〃自然
大伴旅人	665~31	〃大納言
大伴家持	718?~85	〃編纂

平安時代の人々

《平安京》

桓武天皇50代	737~06	平安京
藤原種継	737~85	長岡京
坂上田村麻呂	758~11	蝦夷征討
平城天皇51代	774~24	薬子変
嵯峨天皇52代	786~42	三筆
藤原薬子	?~810	乱自殺
藤原仲成	774~10	乱敗死
小野篁	802~52	令義解
都良香	834~79	文徳実録
最澄	766~22	天台宗
比叡山・台密・伝教大師		
空海	774~35	真言宗
高野山・東密・弘法大師		
円仁	794~64	慈覚大師

*多くの「高校日本史」に掲載された人名を選んだ。表記もなるべく教科書に従った。

（奈良・平安）

人物	年代	事跡
円珍	814~91	智証大師
《摂関政治》		
藤原冬嗣	775~26	弘仁格
藤原良房	804~72	人臣摂政
伴健岑	9世紀ころ	承和の変
橘逸勢	?~842	〃三筆
伴善男	809~68	応天門変
源信	810~68	嵯峨源氏
清和天皇56代	850~80	良房摂政
光孝天皇58代	830~87	関白の制
藤原基経	836~91	摂政関白
宇多天皇59代	867~31	寛平の治
醍醐天皇60代	885~30	延喜の治
藤原時平	871~09	道真左遷
菅原道真	845~03	遣唐廃止
藤原忠平	880~49	延喜格式
村上天皇62代	926~67	天暦の治
源高明	914~82	安和の変
藤原師輔	908~60	摂政関白
藤原兼通	925~77	関白
藤原兼家	929~90	摂政関白
藤原道長	966~27	藤原全盛
藤原頼通	990~74	摂政関白
…地方の混乱…		
平高望	10世紀	平氏祖
平将門	?~940	将門の乱
平貞盛	10世紀	将門平定
藤原秀郷	10世紀	〃俵藤太
藤原純友	?~941	純友の乱
源経基	?~961	純友平定
藤原隆家	979~44	刀伊撃退
《国風文化》		
在原業平	825~80	六歌仙
遍昭	816~90	〃僧正
喜撰	8~9世紀	〃法師
小野小町	9世紀?	〃美貌
文屋康秀	?~885	〃官人
大友黒主	9世紀?	〃官人
紀貫之	868?~46	古今編纂
凡河内躬恒	9~10世紀	古今撰
藤原公任	966~41	朗詠集
紫式部	978?~?	源氏物語
清少納言	10~11世紀	枕草子
藤原道綱母	936?~95	蜻蛉日記
和泉式部	10~11世紀	女流歌人
赤染衛門	10~11世紀	栄華物語
菅原孝標女	1008~?	更級日記
空也	903~72	市聖
源信(恵心)	942~17	往生要集
定朝	?~1057	仏師
巨勢金岡	9世紀	大和絵祖
小野道風	894~66	三蹟和風

＊「何をした人か」は、教科書に準じたが、三～五字に納めるため変えたものも多い。

日本史の人々 (3)

藤原佐理	944~98	三蹟参議
藤原行成	972~27	〃権大納言

源 満仲	913~97	多田源氏
源 頼光	948~21	大江山
源 頼信	968~48	忠常乱
源 頼義	988~75	前九年
源 義家	1039~06	後三年
藤原清衡	1056~28	中尊寺
藤原基衡	?~1157	毛越寺
藤原秀衡	?~1187	義経保護

《院 政》

後三条天皇71代	1034~73	親政
大江匡房	1041~11	江談抄
白河天皇72代	1053~29	院政の始
堀河天皇73代	1079~07	賢王と称
鳥羽天皇74代	1103~56	院政3代
平 正盛	11~12世紀	伊勢平氏
平 忠盛	1095~53	海賊追討
崇徳天皇75代	1119~64	保元の乱
藤原忠通	1097~64	〃勝者
藤原頼長	1120~56	〃敗死
源 為義	1096~56	〃斬罪
源 為朝	1139~77	〃流罪
源 義朝	1123~60	〃勝,平治で敗
平 忠正	?~1156	〃斬罪

藤原信西	1106~59	平治の乱
藤原信頼	1133~59	〃斬罪
平 清盛	1118~81	〃政権
平 重盛	1137~79	〃諫止
俊 寛	1142~79	鹿ヶ谷
藤原成親	1137~77	〃殺害
後白河天皇77代	1127~92	院政
平 徳子	1155~13	建礼門院
安徳天皇81代	1178~85	壇ノ浦

藤原隆能	12世紀	源氏絵巻
鳥羽僧正	1053~40	鳥獣戯画

鎌倉時代の人々

《鎌倉幕府》

以仁王	1151~80	反平氏
源 頼政	1104~80	〃敗死
源 頼朝1	1147~99	武家政治
平 重衡	1156~85	南都焼
源 義仲	1154~84	勝,のち敗
源 範頼	?~1193	平家追討
源 義経	1159~89	平泉自刃
藤原泰衡	1155~89	〃滅亡
九条兼実	1149~07	玉葉
大江広元	1148~25	幕府基礎
三善康信	1140~21	問注所

*次の世紀に没した人は一〇〇年の欄を略した。(例 藤原行成の没年は一〇二七年。

（平安・鎌倉）

*人名で、二通り知られる人の場合、なるべく（ ）で示した。（例）法然（源空）

源　頼家2	1182~04	修善寺殺
梶原景時	?~1200	侍所所司
比企能員（ひきよしかず）	?~1203	比企の乱
三浦義澄（よしずみ）	1127~00	頼朝重臣
畠山重忠	1164~05	〃敗死
和田義盛	1147~13	和田合戦
北条政子	1157~25	尼将軍
北条時政	1138~15	初代執権
北条義時	1163~24	承久の乱
源　実朝3	1192~19	金槐集（きんかいしゅう）
公　暁（くぎょう）	1200~19	実朝殺害
九条頼経4（よりつね）	1218~56	形式将軍
後鳥羽上皇82代	1180~39	隠岐流
北条時房	1175~40	六波羅
土御門天皇83代（つちみかど）	1195~31	土佐流
順徳天皇84代	1197~42	佐渡流
仲恭天皇85代（ちゅうきょう）	1218~34	幕府廃帝
北条泰時	1183~42	政権確立
北条時頼	1227~63	独裁体制
宗尊親王6（むねたか）	1242~74	皇族将軍
三浦泰村（やすむら）	1204~47	対立滅亡
チンギス＝ハン蒙（もう）	1162?~27	蒙古帝国
フビライ元	1215~94	元来冠（げんらいこう）
北条時宗	1251~84	〃撃退
竹崎季長（あだちやすもり）	1246~?	蒙古絵詞
安達泰盛	1231~85	霜月騒動

《鎌倉文化》

法然（ほうねん）（源空）	1133~12	浄土宗
親　鸞（しんらん）	1173~62	浄土真宗
一　遍	1239~89	時　宗（じ）
日　蓮	1222~82	日蓮宗
栄　西（えいさい）（ようさい）	1141~15	臨済宗（りんざい）
蘭渓道隆（らんけいどうりゅう）宋	1213~78	〃建長寺
無学祖元（むがくそげん）宋	1226~86	〃円覚寺
道　元	1200~53	曹洞宗（そうとう）
貞慶（じょうけい）（解脱）	1155~12	法相宗（ほっそう）
明恵（みょうえ）（高弁）	1173~32	華厳宗（けごん）
叡尊（えいそん）（思円）	1201~90	律　宗（りつ）
忍性（にんしょう）（良観）	1217~03	〃救民
度会家行（わたらい）	1256~62	伊勢神道

朱　熹（しゅき）宋	1130~00	朱子学
仙　覚	1203~?	万葉研究
卜部兼方（うらべ）	13~14代	釈日本紀
藤原俊成（しゅんぜい）	1114~04	千載集
藤原定家（ていか）	1162~41	新古今
藤原家隆	1158~37	〃撰集
西　行（さいぎょう）	1118~90	山家集
無　住	1226~12	沙石集（しゃせき）
阿仏尼（あぶつに）	?~1283	十六夜
鴨長明（かものちょうめい）	1153~16	方丈記
吉田兼好（けんこう）	1283~50	徒然草（つれづれぐさ）

日本史の人々 (4)

*天皇・将軍などは、教科書に従って何代かを示した。

人名	生没年	備考
慈円(慈鎮)	1155~25	愚管抄
虎関師錬	1278~46	元亨釈書
北条実時	1224~76	金沢文庫
重源	1121~06	大仏復興
運慶	?~1223	慶派無着
快慶	12~13世紀	〃 鋼力士
湛慶	1173~56	〃 千手観音
康弁	12~13世紀	〃 天灯鬼
康勝	12~13世紀	〃 空也
藤原隆信	1142~05	頼朝像
藤原信実	1177~65	後鳥羽上皇
高階隆兼	13~14世紀	春日験記
円伊	13~14世紀	一遍聖絵
尊円法親王	1298~56	青蓮院流
粟田口吉光	鎌倉後期	名刀工
岡崎正宗	鎌倉末期	〃 鎌倉
長船長光	鎌倉後期	〃 備前
加藤景正	12~13世紀	瀬戸焼

室町時代の人々

《南北朝》

人名	生没年	備考
後嵯峨天皇88代	1220~77	両統立
後深草天皇89代	1243~04	持明院統
亀山天皇90代	1249~05	大覚寺統
北条高時	1303~33	政治乱れ
後醍醐天皇96代	1288~39	正中の変
		→隠岐→弘弘の乱→建武新政
楠木正成	1294~36	湊川敗死
光厳天皇	1313~64	北朝1
足利尊氏1	1305~58	元弘の乱
		→離反→北朝、室町幕府
新田義貞	1301~38	鎌倉攻め
赤松則村	1277~50	尊氏に従
護良親王	1308~35	新政殺害
北条時行	?~1335	中先代の乱
光明天皇	1321~80	北朝2
北畠親房	1293~54	神皇正統記
北畠顕家	1318~38	南朝戦死
後村上天皇97代	1328~68	吉野山
懐良親王	1329~83	征西将軍
足利直義	1306~52	観応擾乱
高師直	?~1351	尊氏執事

《室町幕府》

人名	生没年	備考
足利義満3	1358~08	南北朝
		合体・勘合貿易・北山文化
後亀山天皇99代	?~1424	合体南朝
後小松天皇100代	1377~33	〃 北朝
足利基氏	1340~67	鎌倉公方
山名氏清	1344~91	明徳の乱
大内義弘	1356~99	応永の乱
尚巴志	1372~39	琉球王
李成桂朝鮮初	1335~08	朝鮮王

(鎌倉・室町)

*どのような関係で教科書に掲載されたかがわかるよう、なるべく事件名を入れた。

足利義持4	1386~28	禅秀の乱
足利義教6	1394~41	嘉吉の乱
足利持氏	1398~39	永享の乱
赤松満祐	1381~41	義教謀殺
足利義政8	1436~90	東山文化
日野富子	1440~96	応仁の乱
足利義視	1439~91	〃政弟
足利義尚9	1465~89	〃政子
細川勝元	1430~73	〃東軍将
山名持豊	1404~73	〃西軍将
富樫政親	1455?~88	加賀一揆
太田道灌	1432~86	江戸城
《戦国時代》		
足利義輝13	1536~65	自害久秀
三好長慶	1522~64	将軍追放
松永久秀	1510~77	下剋上
北条早雲	1432~19	後北条
北条氏綱	1486~41	〃南関東
北条氏康	1515~71	〃全盛
武田信玄	1521~73	戦略民政
上杉謙信	1530~78	川中島
斎藤道三	1494~56	商人大名
大内義隆	1507~51	交易文化
陶晴賢	1521~55	敗死毛利
毛利元就	1497~71	中国制覇
《室町文化》		
一休宗純	1394~81	禅僧奇行
蓮如	1415~99	本願寺
日親	1407~88	鍋冠上人
吉田兼倶	1435~11	唯一神道
東常縁	1401~94	古今伝授
一条兼良	1402~81	関白学者
夢窓疎石	1275~51	国師造園
義堂周信	1325~88	五山文学
絶海中津	1336~05	〃詩文
桂庵玄樹	1427~08	薩南学派
南村梅軒	16世紀	海南学派
上杉憲実	1411~66	足利学校
観阿弥清次	1333~84	観世祖
世阿弥元清	1363~43	能大成
二条良基	1320~88	関白連歌
飯尾宗祇	1421~02	連歌確立
山崎宗鑑	1465~53	俳諧連歌
村田珠光	1422~02	茶道祖
武野紹鴎	1502~55	佗び茶
池坊専慶	15世紀	池坊祖
明兆	1352~31	東福画僧
如拙	14~15世紀	水墨画
周文	14~15世紀	相国画僧
雪舟	1420~06	水墨画
土佐光信	15~16世紀	土佐派
狩野正信	1434~30	狩野派祖

日本史の人々 (5)

狩野元信	1476~59	〃大成
後藤祐乗	1440~12?	彫金

織豊時代の人々

《キリスト教の渡来》

種子島時尭	1528~79	鉄砲伝来
ザビエル	ス1506~52	キリスト教
フロイス	ポ1532~97	宣教師
バリニャーニ	伊1539~06	遣欧使節
大友宗麟	1530~87	貿易
大村純忠	1533~87	貿易
有馬晴信	1567~12	受洗
黒田如水	1546~04	受洗大名
細川忠興	1563~45	妻ガラシア
伊東マンショ	1570~12	遣欧使節
千々石ミゲル	16~17世紀	〃棄教
中浦ジュリアン	1568~33	〃殉教
原マルチノ	1580~?	〃マカオへ

《全国統一へ》

織田信長	1534~82	天下布武
今川義元	1519~60	桶狭間
足利義昭15	1537~97	幕府滅亡
朝倉義景	1533~73	姉川敗北
浅井長政	1545~73	姉川敗北
武田勝頼	1546~82	天目山
明智光秀	1528~82	本能寺
豊臣秀吉	1536~98	統一・太閤
柴田勝家	1522~83	賤ケ岳
島津義久	1533~11	九州制圧
長宗我部元親	1538~99	四国
北条氏政	1538~90	敗北自刃
伊達政宗	1567~36	奥州制圧
後陽成天皇107代	1571~17	和学
前田利家	1538~99	五大老
毛利輝元	1553~25	〃西軍
小早川隆景	1533~97	〃安芸
宇喜多秀家	1573~55	〃八丈島
上杉景勝	1555~23	〃呼応
浅野長政	1544~11	五奉行
増田長盛	1545~15	〃追放
前田玄以	1539~02	〃反豊臣
長束正家	?~1600	〃自決
李舜臣朝鮮	1545~98	水軍将

《桃山文化》

池田輝政	1564~13	姫路城
狩野永徳	1543~90	障壁画
狩野山楽	1559~35	〃松鷹
海北友松	1533~15	〃山水
長谷川等伯	1539~10	松林図
狩野長信	1577~54	花下遊楽
千利休	1522~91	佗び茶
織田有楽斎	1547~21	有楽流祖

*外国人はその出身国名を入れた。ス=スペイン、ポ=ポルトガル、伊=イタリア、

（室町・織豊・江戸前期）

*英＝イギリス、蘭＝オランダ、露＝ロシヤ、独＝ドイツ、米＝アメリカ、仏＝フランス。

古田織部（ふるたおりべ）	1543~15	大名茶人
今井宗久（いまいそうきゅう）	1520~93	豪商茶人
津田宗及（つだそうぎゅう）	?~1591	豪商茶人
出雲阿国（いずものおくに）	1572~?	歌舞伎
高三隆達（たかさぶりゅうたつ）	1527~11	隆達節

江戸前期の人々

《幕府の成立と鎖国》…

徳川家康1	1542~16	幕府創設
石田三成	1560~00	西軍将
小西行長	?~1600	〃刑死
島津義弘	1535~19	〃敵中突破
福島正則	1561~24	東軍
加藤清正	1562~11	〃築城
豊臣秀頼（ひでより）	1593~15	大坂の陣
淀君（よどぎみ）	1567~15	〃自刃
徳川秀忠2	1579~32	諸法度
徳川家光3	1604~51	参勤鎖国
後水尾天皇108代	1596~80	反幕
沢庵宗彭（そうほう）	1573~45	紫衣事件
隠元隆琦（いんげんりゅうき） 明	1592~73	黄檗宗
白隠慧鶴（はくいんえかく）	1685~68	民衆教化

…外 交………

田中勝介	16~17世紀	太平洋横断
ロドリゴス ポ	1561~34	貿易斡旋
支倉常長（はせくら）	1571~22	慶長使節

アダムズ 英	1564~20	外交顧問
ヤン＝ヨーステン 蘭	1556?~23	外交顧問
角倉了以（すみのくらりょうい）	1554~14	朱印船
末吉孫左衛門	1570~17	〃末吉船
茶屋四郎次郎（歴代通称）		〃糸割符
末次平蔵	?~1630	〃長崎代官
松浦鎮信（まつらしげのぶ）	1549~14	平戸貿易
山田長政	?~1630	日本人町
島津家久	1578~38	琉球征服
高山右近（うこん）	1552~14	マニラ追放
益田四郎時貞	1621~38	島原の乱
松平信綱	1596~62	〃幕府基礎

《江戸初期の文化》…

藤原惺窩（せいか）	1561~19	朱子学
林 羅山（らざん）	1583~57	〃侍講（じこう）
土佐光起（みつおき）	1617~91	土佐派
住吉如慶（じょけい）	1599~70	住吉派
狩野探幽（かのうたんゆう）	1602~74	狩野派
久隅守景（くすみもりかげ）	17~18世紀	夕涼図（ゆうすずみ）
俵屋宗達（たわらやそうたつ）	?~1643	風神雷神
本阿弥光悦（ほんあみこうえつ）	1558~37	工芸蒔絵
酒井田柿右衛門	1596~66	陶工赤絵

《幕府の安定》………

由井正雪（ゆいしょうせつ）	1605~51	慶安事件
徳川家綱4	1641~80	文治政治
保科正之（ほしなまさゆき）	1611~72	家綱補佐

日本史の人々 (6)

池田光政	1609~82	儒学殖産
徳川光圀	1628~00	大日本史
前田綱紀	1643~24	民政学問
徳川綱吉5	1646~09	元禄文化
堀田正俊	1634~84	綱吉擁立
柳沢吉保	1658~14	文治政策
荻原重秀	1658~13	貨幣改鋳
徳川家宣6	1663~12	白石登用
徳川家継7	1709~16	8歳で没
新井白石	1657~25	正徳の治

…産 業…

宮崎安貞	1623~97	農業全書
大蔵永常	1768~?	農業技術
二宮尊徳	1787~56	農政家
大原幽学	1797~58	農民指導
河村瑞軒	1617~99	海運治水
淀屋辰五郎	17~18世紀	大坂豪商
紀伊国屋文左衛門	17~18世紀	材木豪商

《元禄文化》

林 鵞峰	1618~80	本朝通鑑
林 信篤	1644~32	大学頭
木下順庵	1621~98	朱子学
室 鳩巣	1658~34	幕府儒官
貝原益軒	1630~14	養生訓
谷 時中	1598~49	南学派
野中兼山	1615~63	藩政確立

山崎闇斎	1618~82	垂加神道
中江藤樹	1608~48	陽明学祖
熊沢蕃山	1619~91	〃実践
山鹿素行	1622~85	古学兵学
伊藤仁斎	1627~05	古義学
伊藤東涯	1670~36	〃実践
荻生徂徠	1666~28	古文辞学
太宰春台	1680~47	〃経済
稲生若水	1655~15	本草学
関 孝和	?~1708	数学和算
渋川春海	1639~15	貞享暦
契 冲	1640~01	万葉注釈
松永貞徳	1571~53	俳人歌人
北村季吟	1624~05	古典俳人
西山宗因	1605~82	談林派
松尾芭蕉	1644~94	奥の細道
井原西鶴	1642~93	浮世草子
近松門左衛門	1653~24	浄瑠璃
竹本義太夫	1651~14	義太夫節
市川団十郎	初1660~04	江戸荒事
坂田藤十郎	初1645~09	上方和事
住吉具慶	1631~05	大和絵
尾形光琳	1658~16	〃蒔絵
菱川師宣	1618~94	浮世絵
野々村仁清	17世紀	色絵陶器
尾形乾山	1663~43	陶工絵師

（江戸前期・江戸後期）

宮崎友禅 17~18紀 友禅染	高田屋嘉兵衛 1769~27 アイヌ交易

江戸後期の人々

《幕藩の政治改革》

徳川吉宗8 1684~51 享保改革	
大岡忠相 1677~51 町奉行	
徳川家重9 1711~61 言語不明	
徳川家治10 1737~86 田沼時代	
田沼意次 1719~88 積極財政	
田沼意知 1749~84 父子幕政	
佐倉惣五郎 ?~1645? 義民磔刑	
磔茂左衛門 ?~1686 〃磔刑	
徳川家斉11 1773~41 幕政改革	
松平定信 1758~29 寛政改革	
細川重賢 1720~85 肥後刷新	
上杉治憲 1751~22 米沢改革	
佐竹義和 1775~15 秋田改革	

…北方の問題…

コシャマイン ?~1457 アイヌ乱	
シャクシャイン ?~1669 〃謀殺	
ラクスマン 露1766~96? 遣日使節	
レザノフ 露1764~07 〃通商要求	
最上徳内 1754~36 千島探検	
近藤重蔵 1771~29 択捉島	
間宮林蔵 1780?~44 樺太探検	
ゴローニン 露1776~31 日本幽囚記	

…幕府・諸藩…

徳川家慶12 1793~53 天保改革
水野忠邦 1794~51 〃上知令
大塩平八郎 1792~37 大塩の乱
島津斉彬 1809~58 薩摩刷新
調所広郷 1776~48 〃財政
毛利敬親 1819~71 長州刷新
村田清風 1783~55 〃財政
鍋島直正 1814~71 大砲製造
高島秋帆 1798~66 洋式砲術
江川英竜 1801~55 反射炉

《化政文化》

荷田春満 1669~36 国学記紀
賀茂真淵 1697~69 〃万葉考
本居宣長 1730~01 〃古記伝
平田篤胤 1776~43 〃尊王攘夷
伴 信友 1775?~46 〃考証学
塙 保己一 1746~21 群書類従
西川如見 1648~24 天文暦学
野呂元丈 1693~61 本草学
青木昆陽 1698~69 蕃薯考
山脇東洋 1705~62 解剖蔵志
前野良沢 1723~03 解体新書
杉田玄白 1733~17 蘭学事始
大槻玄沢 1757~27 蘭学階梯

日本史の人々 (7)

稲村三伯	1758~11	蘭日辞書
宇田川玄随	1755~97	蘭医学
志筑忠雄	1760~06	暦象新書
ケンベル	独1651~16	日本誌
高橋至時	1764~04	寛政暦
伊能忠敬	1745~18	沿海測量
平賀源内	1729?~79	博物科学
宇田川榕庵	1798~46	科学書
廣瀬淡窓	1782~56	咸宜園塾
緒方洪庵	1810~63	蘭学塾
渡辺華山	1793~41	蛮社の獄
高野長英	1804~50	〃 自殺
シーボルト	独1796~66	鳴滝塾
高橋景保	1785~29	シ事件
石田梅岩	1685~44	心学祖
手島堵庵	1718~86	〃 明倫舎
…社会批判…		
竹内式部	1712~67	明和事件
山県大弐	1725~67	〃 死罪
会沢安	1781~63	水戸尊攘
高山彦九郎	1747~93	尊王自刃
蒲生君平	1768~13	山陵志
頼山陽	1780~32	日本外史
富永仲基	1715~46	誠の道
山片蟠桃	1748~21	自由経済
安藤昌益	1703~62	農本主義
海保青陵	1755~17	稽古談
工藤平助	1734~00	海防警世
林子平	1738~93	海国兵談
本多利明	1744?~21	経世秘策
佐藤信淵	1769?~50	農政学
…文学・芸能…		
与謝蕪村	1716~83	俳人画家
小林一茶	1763~27	おらが春
香川景樹	1768~43	桂園派
良寛	1758~31	禅僧歌人
菅江真澄	1754~29	紀行家
鈴木牧之	1770~42	北越雪譜
大田南畝	1749~23	狂歌師
石川雅望	1753~30	〃 国学
柄井川柳	1718~90	川柳始祖
上田秋成	1734~09	国学
山東京伝	1761~16	戯作洒落
十返舎一九	1765~31	〃 滑稽
式亭三馬	1776~22	〃 滑稽皮肉
為永春水	1790~43	〃 弾圧
滝沢馬琴	1767~48	〃 読本
恋川春町	1744~89	〃 黄表紙
柳亭種彦	1783~42	〃 合巻
竹田出雲2	1691~56	浄瑠璃作者
鶴屋南北4	1755~29	歌舞伎作者
河竹黙阿弥	1816~93	〃 作者

（江戸後期・幕末維新）

鈴木春信	1725~70	浮世絵
喜多川歌麿	1753~06?	〃大首絵
東洲斎写楽	18~19世紀	〃役者絵
葛飾北斎	1760~49	〃富嶽
安藤広重	1797~58	〃東海道
池 大雅	1723~76	文人画
谷 文晁	1763~40	〃黏十種
田能村竹田	1777~35	〃画論
円山応挙	1733~95	障壁画
司馬江漢	1738?~18	銅版画
亜欧堂田善	1748~22	〃浅間山

幕末・維新の人々

《開国》

ビッドル	米1783~48	浦賀来航
ペリー	米1794~58	和親条約
プチャーチン	露1803~83	通商条約
阿部正弘	1819~57	和親条約
ハリス	米1804~78	通商条約
堀田正睦	1810~64	開国勅許失敗
孝明天皇121代	1831~66	壌夷
井伊直弼	1815~60	安政大獄
川路聖謨	1801~68	日露条約
新見正興	1822~69	日米条約
勝 海舟	1823~99	幕海軍奉行

《幕府の滅亡》

徳川家定13	1824~58	生来病弱
徳川家茂14	1846~66	公武合体
徳川慶喜15	1837~13	大政奉還
徳川斉昭	1800~60	尊王攘夷
松平慶永	1828~90	公武合体
佐久間象山	1811~64	開国論
藤田東湖	1806~55	尊王攘夷
横井小楠	1809~69	公武合体
間部詮勝	1802~84	安政大獄
吉田松陰	1830~59	大獄刑死
橋本左内	1834~59	〃刑死
梅田雲浜	1815~59	〃獄死
頼三樹三郎	1825~59	〃刑死
ヒュースケン	米1832~61	通訳官
和 宮	1846~77	皇妹降嫁
安藤信正	1819~71	公武合体
島津久光	1817~87	〃参与
松平容保	1835~93	京都守護
三条実美	1837~91	公卿攘夷
吉村寅太郎	1837~63	天誅組
平野国臣	1828~64	生野の変
オールコック	英1809~97	下関砲撃
パークス	英1828~85	薩長支援
ロッシュ	仏1809~01	幕府支援
西郷隆盛	1827~77	維新主導
大久保利通	1830~78	維新政府

＊幕末維新を立項したため、調べにくい人名もあると思う。

日本史の人々 (8)

木戸孝允（たかよし）	1833~77	維新主導
高杉晋作（しんさく）	1839~67	奇兵隊
久坂玄瑞（げんずい）	1840~64	禁門の変
坂本竜馬（りょうま）	1835~67	薩長同盟
中岡慎太郎	1838~67	陸援隊
山内豊信（とよしげ）	1827~72	大政奉還
岩倉具視（ともみ）	1825~83	討幕論
有栖川宮熾仁親王（ありすがわのみやたるひと）	1835~95	
総裁職・東征大総督		
榎本武揚（たけあき）	1836~08	五稜郭（ごりょうかく）
近藤勇	1834~68	新撰組
相楽総三（さがら）	1839~68	赤報隊
黒住宗忠	1780~50	黒住教祖
中山みき	1798~87	天理教祖
川手文治郎	1814~83	金光教祖

明治時代の人々

《明治維新》

明治天皇122代	1852~12	
帝国憲法・日本の近代化		
由利公正（ゆりきみまさ）	1829~09	五か条誓文
福岡孝弟（たかちか）	1835~19	政体書
大村益次郎	1825~69	徴兵制
山県有朋（ありとも）	1838~22	陸軍閥
西郷従道（つぐみち）	1843~02	海軍閥
クラーク	米1826~86	教育家
前島密（ひそか）	1835~19	郵便制度
岩崎弥太郎	1834~85	三菱財閥
五代友厚（ともあつ）	1835~85	政商大阪
渋沢栄一	1840~31	国立銀行

…文明開化…

福沢諭吉	1834~01	啓蒙思想
中村正直	1832~91	自由之理
西周（あまね）	1829~97	近代哲学
津田真道（まみち）	1829~03	各種法典
加藤弘之（ひろゆき）	1836~16	立憲政治
西村茂樹（しげき）	1828~02	国民道徳
森有礼	1847~89	学校制度

…政変・思想…

江藤新平	1834~74	佐賀の乱
前原一誠	1834~76	萩の乱
板垣退助	1837~19	自由民権
後藤象二郎	1838~97	民撰議院
副島種臣（たねおみ）	1828~05	〃日清条約
片岡健吉	1843~03	立志社
黒田清隆	1840~00	憲法発布
大隈重信（しげのぶ）	1838~22	隈板内閣（わいはん）
中江兆民（ちょうみん）	1847~01	人権論
植木枝盛（えもり）	1857~92	自由民権
岸田俊子	1863~01	〃女権
福田英子	1865~27	〃世界婦人
福地源一郎	1841~06	立憲帝政

（幕末維新・明治）

松方正義	1835~24	日銀設立
河野広中	1849~23	福島事件
三島通庸	1835~88	保安条例
大井憲太郎	1843~22	大阪事件

《大日本帝国憲法》…

伊藤博文	1841~09	初代総理
シュタイン	独1815~90	憲法行政
グナイスト	独1816~95	〃行政法
ロエスレル	独1834~94	〃商法
モッセ	独1846~25	市町村制
井上毅	1843~95	憲法起草
伊東巳代治	1857~34	〃天皇制
金子堅太郎	1853~42	〃付属法
山田顕義	1844~92	法典編纂
ビゴー	仏1860~27	風刺画
ボアソナード	仏1825~10	民法刑法
寺島宗則	1833~93	樺太千島
井上馨	1835~15	欧化主義
青木周蔵	1844~14	日英条約
児島惟謙	1837~08	大津事件
陸奥宗光	1844~97	条約改正

《日清・日露戦争》…

大院君	韓1820~98	攘夷策
閔妃	韓1851~95	親清反君
金玉均	韓1851~94	独立党
李鴻章	清1823~01	下関条約
谷干城	1837~11	西南戦争
大山巌	1842~16	日露戦争
東郷平八郎	1847~34	〃海戦
星亨	1850~01	立憲政友
桂太郎	1847~13	軍閥藩閥
西園寺公望	1849~40	公家元老
大塚楠緒子	1875~10	反戦詩
T.ルーズヴェルト	米1858~19	ポーツマス
ウイッテ	露1849~15	露全権
小村寿太郎	1855~11	日全権
孫文	中1866~25	辛亥革命
袁世凱	中1859~16	大総統

《資本主義の発展》…

豊田佐吉	1867~30	自動織機
古河市兵衛	1832~03	足尾銅山
浅野総一郎	1848~30	セメント
川崎正蔵	1837~12	造船所
横山源之助	1871~15	下層社会
高野房太郎	1868~04	労働運動
片山潜	1859~33	共産主義
田中正造	1841~13	鉱毒事件
安部磯雄	1865~49	社会主義
木下尚江	1869~37	社会運動
幸徳秋水	1871~11	大逆事件
堺利彦	1870~33	平民新聞

《近代文化》…………

日本史の人々 (9)

三宅雪嶺	1860~45	国粋主義		木村　栄	1870~43	緯度変化
杉浦重剛	1855~24	〃教育		牧野富太郎	1862~57	植物分類
志賀重昂	1863~27	〃地理		ケーベル(独)	1848~23	哲　学
井上哲次郎	1855~44	〃哲学		田口卯吉	1855~05	経済歴史
徳富蘇峰	1863~57	国家主義		久米邦武	1839~31	歴史学
陸　羯南	1857~07	国民主義		本木昌造	1824~75	活版印刷
高山樗牛	1871~02	日本主義		…文　学…		
島地黙雷	1838~11	信教自由		仮名垣魯文	1829~94	安愚楽鍋
井上円了	1858~19	仏教哲学		矢野竜渓	1850~31	経国美談
ヘボン(米)	1815~11	聖書和訳		東海散士	1852~22	佳人之…
植村正久	1857~25	福音主義		坪内逍遥	1859~35	小説神髄
内村鑑三	1861~30	無教会派		二葉亭四迷	1864~09	浮　雲
新島　襄	1843~90	同志社		尾崎紅葉	1867~03	金色夜叉
津田梅子	1864~29	津田塾		山田美妙	1868~10	夏木立
ベルツ(独)	1849~13	医学教育		幸田露伴	1867~47	五重塔
ナウマン(独)	1854~27	地質学		森　鷗外	1862~22	阿部一族
ミルン(英)	1850~13	地震学		樋口一葉	1872~96	にごりえ
モース(米)	1838~25	大森貝塚		北村透谷	1868~94	文学界
北里柴三郎	1852~31	伝染病		泉　鏡花	1873~39	高野聖
志賀　潔	1870~57	赤痢菌		島崎藤村	1872~43	夜明け前
秦　佐八郎	1873~38	サルバルサン		徳富蘆花	1868~27	不如帰
高峰譲吉	1854~22	ジアスターゼ		国木田独歩	1871~08	武蔵野
鈴木梅太郎	1874~43	ビタミンB		田山花袋	1871~30	蒲　団
田中館愛橘	1856~52	地磁気		徳田秋声	1871~43	あらくれ
長岡半太郎	1865~50	原子模型		正宗白鳥	1879~62	何処へ
大森房吉	1868~23	地震計		夏目漱石	1867~16	草　枕

＊明治までは、どの教科書も決まった人名が多い。

（明治・大正昭和）

土井晩翠	1871~52	天地有情
上田敏	1874~16	海潮音
与謝野鉄幹	1873~35	明星
与謝野晶子	1878~42	みだれ髪
北原白秋	1885~42	邪宗門
石川啄木	1885~12	一握の砂
正岡子規	1867~02	句歌革新
高浜虚子	1874~59	ホトトギス
長塚節	1879~15	土
伊藤左千夫	1864~13	アララギ

……芸 術………

フェノロサ	米1853~08	日本美術
岡倉天心	1862~13	″東洋文化
狩野芳崖	1828~88	悲母観音
橋本雅邦	1835~08	龍虎図
菱田春草	1874~11	落 葉
フォンタネージ	伊1818~82	洋画指導
キヨソネ	伊1832~98	銅版画
高橋由一	1828~94	鮭
浅井忠	1856~07	収 穫
黒田清輝	1866~24	湖 畔
岡田三郎助	1869~39	読 書
青木繁	1882~11	海の幸
藤島武二	1867~43	東海旭光
和田英作	1874~59	渡頭の夕暮
和田三造	1883~67	南 風

ラグーザ	伊1841~28	洋風彫刻
高村光雲	1852~34	老 猿
荻原守衛	1879~10	女
辰野金吾	1854~19	東京駅
コンドル	英1852~20	ニコライ堂
片山東熊	1854~17	宮廷建築
市団団十郎9	1838~03	活歴物
尾上菊五郎5	1844~03	世話物
市川左団次1	1842~04	新作史劇
川上音二郎	1864~11	新派劇
島村抱月	1871~18	近代劇
滝廉太郎	1879~03	荒城の月

大正・昭和の人々

《第一次大戦と日本》

大正天皇123代 1879~26 病弱
昭和天皇124代 1901~89 激動
の時代・世界大戦・復興

上原勇作	1856~33	薩摩閥
尾崎行雄	1859~54	憲政の神
山本権兵衛	1852~33	海軍閥
寺内正毅	1852~19	朝鮮総督
段祺瑞	中1865~36	華中軍閥
石井菊次郎	1866~45	対中国 日米協定
ランシング	米1864~28	
原敬	1856~21	平民宰相

日本史の人々 (10)

高橋是清	1854~36	積極財政	八木秀次	1886~76	アンテナ
加藤友三郎	1861~23	ワシントン会	野口英世	1876~28	黄熱病
ウィルソン 米	1856~24	国際連盟	**…文 学……………**		
幣原喜重郎	1872~51	協調外交	武者小路実篤	1885~76	白樺派
清浦奎吾	1850~42	保安条例	志賀直哉	1883~71	〃暗夜行路
加藤高明	1860~26	護憲三派	有島武郎	1878~23	〃或る女
…社会運動……………			倉田百三	1891~43	出家と…
鈴木文治	1885~46	労働運動	永井荷風	1879~59	腕くらべ
賀川豊彦	1888~60	社会運動	谷崎潤一郎	1886~65	細 雪
大杉 栄	1885~23	無政府主義	鈴木三重吉	1882~36	赤い鳥
山川 均	1880~58	社会主義	宮沢賢治	1896~33	童 話
平塚雷鳥	1886~71	青踏社	芥川竜之介	1892~27	羅生門
市川房枝	1893~81	婦人参政権	菊池 寛	1888~48	恩讐の…
山川菊栄	1890~80	婦人運動	山本有三	1887~74	女の一生
伊藤野枝	1895~23	無政府主義	横光利一	1898~47	日 輪
《市民文化》……………			川端康成	1899~72	雪 国
吉野作造	1878~33	民本主義	葉山嘉樹	1894~45	海に生…
上杉慎吉	1878~29	右翼思想	小林多喜二	1903~33	蟹工船
河上 肇	1879~46	マルクス主義	徳永 直	1899~58	太陽の…
野呂栄太郎	1900~34	講座派	中里介山	1885~44	大菩薩峠
西田幾太郎	1870~45	善の研究	直木三十五	1891~34	南国太…
津田左右吉	1873~61	古代史	吉川英治	1892~62	宮本武蔵
白鳥庫吉	1865~42	東洋史学	大仏次郎	1897~73	パリ燃ゆ
柳田国男	1875~62	民俗学	萩原朔太郎	1886~42	月に吠…
和辻哲郎	1889~60	古寺巡礼	斎藤茂吉	1882~53	赤 光
本多光太郎	1870~54	KS鋼	**…美術・芸能……………**		

（大正・昭和）

横山大観	1868~58	生々流転
下村観山	1873~30	大原御幸
安田靫彦	1884~78	黄瀬川の
竹内栖鳳	1864~42	雨　霽
梅原竜三郎	1888~86	桜　島
安井曽太郎	1888~55	孔雀と女
岸田劉生	1891~29	麗子像
高村光太郎	1883~56	詩、彫刻
朝倉文夫	1883~64	墓　守
松井須磨子	1886~19	カチューシャ
小山内薫	1881~28	築地小劇場
土方与志	1898~59	〃社会主義
山田耕筰	1886~65	この道
中山晋平	1887~52	砂　山

《軍部の台頭》

若槻礼次郎	1866~49	ロンドン軍縮
田中義一	1864~29	山東出兵
蔣介石	中1887~75	国民政府
張作霖	中1873~28	満州軍閥
浜口雄幸	1870~31	協調外交
井上準之助	1869~32	緊縮財政
犬養毅	1855~32	五・一五
張学良	中1898~2001	西安事件
溥儀	中1906~67	清帝満州
松岡洋右	1880~46	三国同盟
大川周明	1886~57	国家主義

北一輝	1883~37	二・二六
団琢磨	1858~32	血盟団事件
斎藤実	1858~36	二・二六
岡田啓介	1868~52	軍の圧力
鮎川義介	1880~67	満州開発
滝川幸辰	1891~62	滝川事件
美濃部達吉	1873~48	天皇機関説
広田弘毅	1878~48	日独防共
林銑十郎	1876~43	軍と財界
ムッソリーニ	伊1883~45	ファシズム
ヒトラー	独1889~45	ナチス

《日中・世界大戦》

近衛文麿	1891~45	大政翼賛会
汪兆銘	中1885~44	南京政府
平沼騏一郎	1867~52	国本社
矢内原忠雄	1893~61	学問の自由
河合栄治郎	1891~44	自由主義
大内兵衛	1888~80	労農派
阿部信行	1875~53	大戦不介入
米内光政	1880~48	親英米
野村吉三郎	1877~64	日米交渉
東条英機	1884~48	開戦主導
小磯国昭	1880~50	戦況悪化
ルーズベルト	米1882~45	カイロヤルタ
チャーチル	英1874~65	〃ポツダム
スターリン	露1879~53	〃冷戦

182　日本史の人々 (11) (大正・昭和)

氏名	生没年	事績
鈴木貫太郎	1867~48	戦争終結
《戦後の世界》		
マッカーサー	米1880~64	連合国軍
ドッジ	米1890~64	経済安定策
ダレス	米1888~59	講和条約
東久邇稔彦(ひがしくになるひこ)	1887~1990	終戦処理
重光 葵(まもる)	1887~57	降伏文書
幣原喜重郎	1872~51	憲法案
吉田 茂	1878~67	講和会議
片山 哲	1887~78	社会党内閣
芦田 均	1887~59	外資導入
鳩山一郎	1883~59	日ソ国交
石橋湛山(たんざん)	1884~73	日中打開
岸 信介(のぶすけ)	1896~87	安保改定
池田勇人(はやと)	1899~65	高度成長
佐藤栄作	1901~75	沖縄復帰
田中角栄	1918~93	列島改造
三木武夫(たけお)	1907~88	ロ事件糾明
福田赳夫(たけお)	1905~95	日中条約
大平正芳	1910~80	行財政改革
鈴木善幸	1911~04	〃
中曽根康弘	1918~	〃国鉄民営
竹下 登	1924~00	消費税
トルーマン	米1884~72	反共反ソ
ネール	印1889~64	インド独立
毛 沢東	中1893~76	共産党革命
周 恩来	中1898~76	〃首相
アイゼンハワー	米1890~69	朝鮮休戦
フルシチョフ	ソ1894~71	平和共存
鄧 小平(とう)	中1904~57	中国近代化
《現代の文化》		
湯川秀樹(ひでき)	1907~81	中間子
朝永振一郎(ともなが)	1906~79	量子力学
太宰 治(だざい おさむ)	1909~43	斜 陽
壷井 栄	1900~67	二十四の瞳(ひとみ)
井上 靖	1907~91	天平の甍(いらか)
松本清張	1909~92	点と線
三島由紀夫	1925~70	金閣寺
折口信夫(しのぶ)	1887~53	民俗学
草野心平	1903~88	歴 程
木下順二	1914~06	夕 鶴
溝口健二	1898~56	雨月物語
黒沢 明	1910~98	羅生門(らしょうもん)
奥村土牛	1889~90	舞 妓
福田平八郎	1892~74	新 雪
岡本太郎	1911~96	太陽の塔
棟方志功(むなかた)	1903~75	華厳譜(けごんふ)
丹下健三	1913~05	広島平和会館

＊戦後七〇余年であるが、教科書の人名はまだ一定していない。

日本の文学 (1) (奈良・平安時代)

奈良時代の文学

- 712 古事記(こじき)(史書)太安万侶(おおのやすまろ)編・稗田阿礼(ひえだのあれ)誦習
- 713 風土記(ふどき)撰進の勅命(元明天皇)地名・産物・伝承等
- 720 日本書紀(史書)舎人親王(とねりしんのう)ら撰…最古の勅撰史書
- 733 出雲(いずも)風土記(地誌)編者未詳…現存風土記中完備
- 751 懐風藻(かいふうそう)(漢詩集)編者未詳…現存最古の漢詩集
- 759 万葉集(まんようしゅう)(歌集)編者未詳…現存最古の歌集4500首

平安時代の文学

- 797 続日本紀(しょくにほんぎ)(史書)菅野真道(すがののまみち)ら編…六国史(りっこくし)の第二
- 807 古語拾遺(こごしゅうい)(史書)斎部広成(いんべのひろなり)撰…記紀にない伝承も
- 814 凌雲集(りょううんしゅう)(漢詩集)小野岑守(おののみねもり)ら撰…初の勅撰詩集
- 818 文華秀麗集(ぶんかしゅうれいしゅう)(漢詩集)藤原冬嗣(ふじわらのふゆつぐ)ら撰…第二勅撰集
- 823 日本霊異記(にほんりょういき)(説話集)景戒(きょうかい)…最古の仏教説話集
- 840 日本後紀(こうき)(史書)藤原緒嗣(おつぐ)ら撰…六国史の第三
- 900 ☆竹取(たけとり)物語(物語)作者未詳…最初の仮名文物語
- ☆伊勢(いせ)物語(物語)作者未詳…在原業平(ありわらのなりひら)?恋物語
- 901 日本三代実録(さんだいじつろく)(史書)藤原時平(ときひら)ら撰…六国史第六(りっこくしだいろく)
- 905 古今和歌集(こきんわかしゅう)(歌集)紀貫之(きのつらゆき)ら撰…初の勅撰歌集①
- 935 土佐(とさ)日記(日記)紀貫之…最初の仮名文日記ー旅
- ☆和名類聚抄(わみょうるいじゅうしょう)(百科辞書)源順(みなもとのしたごう)編…万葉仮名(がな)の和訓(わくん)
- 940 将門記(しょうもんき)(軍記物語)作者未詳…平将門(まさかど)の乱の経緯
- 951 ☆大和(やまと)物語(歌物語)作者未詳…和歌を主170余編
- 958 ☆後撰(ごせん)和歌集(歌集)源順ら撰…勅撰八代集②(みなもとのしたごう)
- 982 ☆宇津保(うつほ)物語(物語)作者未詳…青年貴族が求婚等

*辞書によって異なるが、☆印は、このころ、このころ以前・以降を示す。

日本の文学 (2) (平安時代)

974	蜻蛉日記（日記）藤原道綱母…心の遍歴を描く
985	往生要集（仏教書）源 信…浄土往生の道を説く
996	☆枕草子（随筆）清少納言…宮仕えを鋭敏な感覚で
	☆源氏物語（物語）紫 式部…愛の遍歴、憂愁と苦
1008	☆和泉式部日記（日記）和泉式部…恋愛の経過を
1009	☆拾遺和歌集（歌集）撰者未詳…八代集③ 1350首
1010	☆紫式部日記（日記）紫式部…宮仕えの見聞感想等
1011	和漢朗詠集（詩歌集）藤原公任…漢詩と和歌
1030	栄花物語・正編（歴史物語）作者未詳…編年体
1055	☆堤中納言物語（物語）小式部ほか編…短編物語集
	☆浜松中納言物語（物語）菅原孝標女…浪漫物語
1060	☆更級日記（日記）菅原孝標女…13〜51歳回想記
1065	本朝文粋（漢詩文集）藤原明衡撰…200年間作品
1070	☆狭衣物語（物語）作者未詳…狭衣大将の恋物語
1073	☆今昔物語集（説話集）作者未詳…千余の説話集
1086	後拾遺和歌集（歌集）藤原通俊撰…八代集④1200
1112	☆讃岐典侍日記（日記）讃岐典侍…堀河〜鳥羽帝記
1119	☆大 鏡（歴史物語）作者未詳…紀伝体、四鏡の①
1125	☆金葉和歌集（歌集）源俊頼撰…八代集⑤ 650首
1144	☆奥義抄（歌論書）藤原清輔…和歌の注釈や解説
1151	☆詞花和歌集（歌集）藤原顕輔撰…八代集⑥ 409首
1169	梁塵秘抄（歌謡）後白河院撰…雑芸の歌謡の集成
1170	☆今 鏡（歴史物語）藤原為経…紀伝体、四鏡の②
	☆水 鏡（歴史物語）作者未詳…編年体、四鏡の③
1187	☆千載和歌集（歌集）藤原俊成撰…八代集⑦1280首
1190	☆山家集（歌集）西 行…花・月の歌多。六家集一

＊高校教科書に古典として頻出するものを中心に選んだ。

日本の文学 (3) (鎌倉時代)

☆とりかへばや物語（物語）作者未詳…男女を逆に

鎌倉時代の文学

- 1193 六百番歌合…12人、各100題100首。判者俊成
- 1202 千五百番歌合…30人、各100首。判者後鳥羽院他
- ☆無名草子（物語評論）作者未詳…作家作品等批評
- 1205 新古今和歌集（歌集）藤原定家ら撰…八代集⑧
- 1209 無名抄（歌論書）鴨　長明…和歌に関する心得
- 1212 方丈記（随筆）鴨　長明…仏教的無常観が基調
- 1215 古事談（説話集）源　顕兼…奈良〜鎌倉期の説話
- 1219 金槐和歌集（歌集）源実朝…私家集、700首
- ☆宇治拾遺物語（説話集）作者未詳…仏教的197話
- 　　 毎月抄（歌論書）藤原定家…有心体（和歌十体）
- 1220 愚管抄（史論書）慈　円…末法思想と道理の理念
- ☆保元物語（軍記物語）作者未詳…保元の乱の経緯
- ☆平治物語（軍記物語）作者未詳…平治の乱の経緯
- ☆住吉物語（物語）作者未詳…まま子いじめ物語
- 1221 平家物語（軍記物語）作者未詳…仏教的無常観
- 1223 海道記（紀行文）作者未詳…東海道往復、仏教的
- 1232 建礼門院右京大夫集（私家集）右京大夫…追憶歌
- 1235 明月記（日記）藤原定家…公事・故事・歌見聞記
- ☆小倉百人一首（歌集）藤原定家撰…天智〜順徳帝
- 1242 東関紀行（紀行文）作者未詳…鎌倉へ、鎌倉での
- 1247 源平盛衰記（軍記物）作者未詳…平家物語異本か
- 1252 十訓抄（説話集）作者未詳…少年用啓蒙書、280話
- 1253 正法眼蔵（法語集）道　元…曹洞宗の根本聖典

*適切な解説とは言えないが、参考になれば幸いである。

日本の文学（4）（鎌倉・室町時代）

1254	古今著聞集（説話集）橘 成季編…平安〜700話
1260	立正安国論（仏教書）日 蓮…法華経で安国主張
1266☆	吾妻鏡（日誌記録）作者未詳…鎌倉幕府の記録書
1269	万葉集 註釈（注釈書）仙覚…初の本格的注釈
1280	十六夜日記（紀行文）阿仏尼…鎌倉へ、鎌倉での
1283	沙石集（説話集）無 住…霊験・高僧・文芸談等
1292	歎異抄（法語集）唯円編…親鸞法話浄土真宗聖典
1306☆	とはずがたり（日記）後深草院二条…愛欲と旅
1312	玉葉和歌集（歌集）京極為兼 撰…勅撰集2800首
1322	元亨釈書（仏教史書）虎関師錬…高僧400名伝記
1331☆	徒然草（随筆）吉田兼好…人生観・世相観244段

室町時代の文学

1339	神皇正統記（史論書）北畠親房…南朝の正統性論
1346	風雅和歌集（歌集）光厳上皇 撰…京極派2200首
1356	菟玖波集（連歌集）二条良基・救済撰…準勅撰集
1372	太平記（軍記物語）作者未詳…〜南北朝の争乱
1374	増 鏡（歴史物語）作者未詳…〜後醍醐、四鏡④
1381	新葉和歌集（歌集）宗良親王撰…南朝方、1420首
☆	曽我物語（軍記物語）作者未詳…曽我兄弟物語
1400☆	風姿花伝（能楽論書）世阿弥…父観阿弥の教えを
1424	花 鏡（能楽論書）世阿弥…子観世元雅に授けた
☆	義経記（軍記物語）作者未詳…源義経の運命を
1448☆	正徹物語（歌論書）正 徹…定家への傾倒が強い
1470☆	吾妻問答（連歌論書）飯尾宗祇…連歌史と作句心得
1488	水無瀬三吟百韻（連歌集）宗祇・肖柏・宗長

*表記「吾妻鏡」と「東鑑」、記録の初めと終わりの年など、辞書で異なる。

日本の文学（5）（江戸時代）

*なるべく多くの人の作品を入れるため、知名度の高い作品も一部割愛した。

1495	新撰菟玖波集（連歌集）宗祇…準勅撰集、2050句
1518	閑吟集（歌謡集）編者未詳…小歌・猿楽等、311首
1554	新撰犬筑波集（俳諧集）山崎宗鑑撰…連歌→独立
1593	天草本伊曾保物語（翻訳書）訳者未詳…ローマ字

江戸時代の文学

1603	日葡辞書（辞書）編者未詳…ポルトガル語32800
1623	醒睡笑（笑話集）安楽庵策伝…42編、後の落語に
1642	可笑記（仮名草子）如儡子…徒然草模倣、俗文体
1663	二人比丘尼（仮名草子）鈴木正三…二人の尼物語
1673	湖月抄（注釈書）北村季吟…源氏物語古注集成
1682	好色一代男（浮世草子）井原西鶴…好色男の生涯
1685	出世景清（浄瑠璃）近松門左衛門…新浄瑠璃の初
1688	日本永代蔵（浮世草子）西鶴…町人物の第一作
1690	万葉代匠記（注釈書）契沖…万葉集研究の基礎
1691	猿蓑（俳諧集）向井去来・野沢凡兆…蕉風円熟期
1692	世間胸算用（浮世草子）西鶴…町人たちの悲喜劇
1702	おくのほそ道（俳諧紀行）松尾芭蕉…奥州北陸旅
1703	曽根崎心中（浄瑠璃）近松…世話物、情死事件
1704	去来抄（俳論書）向井去来…蕉門の理念と実作を
1709	笈の小文（俳諧紀行）芭蕉…吉野・明石などの旅
1715	国性爺合戦（浄瑠璃）近松…日本・中国を舞台に
1716	折たく柴の記（伝記）新井白石…父祖〜白石自伝
1746	菅原伝授手習鑑（浄瑠璃）竹田出雲…時代物傑作
1755	自然真営道（思想書）安藤昌益…封建社会を批判
1768	万葉考（注釈書）賀茂真淵…時代区分・歌人論

187

日本の文学 (6)(江戸・明治大正時代)

1768	雨月物語（読本）上田秋成…夢幻と現実怪異小説
1773	本朝水滸伝（読本）建部綾足…中国水滸伝を翻案
1774	解体新書（医学書）前野良沢…『解剖図譜』翻訳
1787	鶉衣（俳文集）横井也有…軽妙自在な文体
1790	古事記伝（注釈書）宣長…最初の文献学的研究書
1795	玉勝間（随筆）本居宣長…学問・芸術・人生観を
1797	新花摘（句文集）与謝蕪村…俳句・俳論・見聞録
1802	東海道中膝栗毛（滑稽本）十返舎一九…弥次喜多
1809	浮世風呂（滑稽本）式亭三馬…銭湯の庶民の会話
1814	南総里見八犬伝（読本）滝沢馬琴…八犬士の伝奇
1815	蘭学事始（回想録）杉田玄白…蘭学導入の苦心談
1818	花月草紙（随筆）松平定信…社会・人生・自然を
1819	群書類従（叢書）塙保己一…古代～近世初の国書
1830	桂園一枝（私家集）香川景樹…古今調で清新の気
1832	春色梅児誉美（人情本）為永春水…人情本代表作
1852	おらが春（句文集）小林一茶…身辺の事実日記体

明治・大正時代の文学

1871	安愚楽鍋（滑稽小説）仮名垣魯文…文明開化風俗
1872	学問のすすめ（論文集）福沢諭吉…自由平等独立
1882	新体詩抄（詩集）外山正一ほか…新体詩の始まり
1885	小説神髄（文学理論書）坪内逍遙…組織的文学論
1887	浮雲（小説）二葉亭四迷…言文一致体、写実的
1882	於母影（訳詩集）森鴎外・落合直文ら…西欧の詩
1891	五重塔（小説）幸田露伴…芸術にかける名人気質
1892	即興詩人（翻訳）森鴎外…アンデルセンの小説

＊執筆・編纂・刊行年など、辞書類の年代の示し方は多様である。

日本の文学（7）（明治・大正時代）

*明治以後は多くの作品を割愛した。なお、昭和～平成期は掲載を取り止めた。

1895	にごりえ（小説）樋口一葉…下層社会を写実的に
1897	金色夜叉（小説）尾崎紅葉…貫一・お宮の物語
	若菜集（詩集）島崎藤村…浪漫的詩情、文語定型
1898	不如帰（小説）徳冨蘆花…封建的家族制度の悲劇
	歌よみに与ふる書（歌論書）正岡子規…短歌革新
1899	天地有情（詩集）土井晩翠…漢語調・七五調
1900	高野聖（小説）泉鏡花…旅僧と魔性の女、夢幻的
1901	みだれ髪（歌集）与謝野晶子…明治浪漫主義影響
1905	吾輩は猫である（小説）夏目漱石…猫の人間風刺
	海潮音（訳詩集）上田敏…近代詩導入に影響大
1906	破戒（小説）島崎藤村…因習との戦い、苦悩
1907	蒲団（小説）田山花袋…自然主義文学に影響大
	遠野物語（記録書）柳田国男…民間伝承の説話等
1910	一握の砂（歌集）石川啄木…三行書で生活感情を
1911	お目出たき人（小説）武者小路実篤…自己肯定的
1913	桐の花（歌集）北原白秋…伝統的形式に新感覚を
	赤光（歌集）斎藤茂吉…万葉調の中に近代情緒
1914	道程（詩集）高村光太郎…情熱的、生の充実感
1915	羅生門（小説）芥川龍之介…今昔物語の盗人の話
1917	城の崎にて（小説）志賀直哉…人の生死の意味を
	月に吠える（詩集）萩原朔太郎…孤独・憂愁を
1918	生れ出づる悩み（小説）有島武郎…芸術との相剋
1919	恩讐の彼方に（小説）菊池寛…ヒューマニズム
1921	殉情詩集（詩集）佐藤春夫…文語調叙情詩23編
1923	日輪（小説）横光利一…卑弥呼を描く新感覚派
1926	伊豆の踊り子（小説）川端康成…恋愛感情と旅情

日本各地の日出

都市名	1月1日		3月22日		6月30日		9月28日	
	日 出	日 入	日 出	日 入	日 出	日 入	日 出	日 入
	h m	h m	h m	h m	h m	h m	h m	h m
①根 室	③6 50	15 50	5 18	17 32	①3 40	19 02	5 11	17 05
③札 幌	7 06	16 10	5 35	17 49	②3 58	19 18	5 28	17 22
④青 森	7 01	16 20	5 38	17 51	③4 08	19 13	5 30	17 25
盛 岡	6 56	16 22	5 36	17 49	④4 10	19 07	5 28	17 24
秋 田	7 00	16 26	5 40	17 53	⑤4 14	19 12	5 32	17 28
⑤仙 台	⑨6 53	16 27	5 38	17 50	⑥4 16	19 04	5 29	17 25
山 形	⑫6 55	16 29	5 40	17 52	⑦4 18	19 06	5 31	17 27
福 島	⑨6 53	16 30	5 39	17 52	⑧4 19	19 04	5 31	17 27
水 戸	③6 50	16 34	5 39	17 51	⑨4 23	19 00	5 30	17 27
宇都宮	⑧6 52	16 36	5 42	17 54	⑪4 25	19 03	5 33	17 29
前 橋	⑫6 55	16 39	5 45	17 57	4 29	19 06	5 36	17 32
浦 和	⑥6 51	16 38	5 43	17 55	⑬4 28	19 02	5 33	17 30
千 葉	②6 49	16 37	5 41	17 53	⑫4 27	18 59	5 32	17 28
⑦東 京	⑥6 51	16 38	5 42	17 54	⑬4 28	19 01	5 33	17 30
横 浜	③6 50	16 39	5 43	17 55	4 29	19 01	5 33	17 30
小笠原	①6 21	16 49	5 33	17 43	4 40	18 30	5 22	17 21
⑥新 潟	7 00	16 35	5 45	17 57	⑩4 24	19 10	5 36	17 32
甲 府	⑫6 55	16 43	5 47	17 59	4 33	19 06	5 38	17 35
⑧静 岡	⑪6 54	16 46	5 48	18 00	4 35	19 04	5 38	17 35
長 野	6 59	16 42	5 49	18 01	4 32	19 10	5 39	17 36
富 山	7 03	16 46	5 52	18 04	4 35	19 14	5 43	17 40
名古屋	7 01	16 51	5 54	18 05	4 41	19 11	5 44	17 41
岐 阜	7 02	16 51	5 54	18 06	4 41	19 12	5 45	17 42
⑨金 沢	7 05	16 48	5 55	18 07	4 38	19 16	5 46	17 42
津	7 01	16 54	5 55	18 07	4 44	19 11	5 46	17 43
福 井	7 06	16 52	5 57	18 08	4 41	19 16	5 47	17 44

・日入の時刻

都市名	1月1日		3月22日		6月30日		9月28日	
	日 出	日 入	日 出	日 入	日 出	日 入	日 出	日 入
	h m	h m	h m	h m	h m	h m	h m	h m
大 津	7 04	16 56	5 58	18 10	4 45	19 15	5 49	17 45
奈 良	7 04	16 57	5 58	18 10	4 46	19 14	5 49	17 46
京 都	7 05	16 56	5 58	18 10	4 46	19 15	5 49	17 46
⑩大 阪	7 05	16 58	6 00	18 11	4 48	19 15	5 50	17 47
神 戸	7 06	16 59	6 01	18 12	4 49	19 16	5 51	17 48
和歌山	7 05	17 00	6 01	18 12	4 50	19 15	5 51	17 48
鳥 取	7 12	17 01	6 04	18 16	4 51	19 22	5 55	17 52
岡 山	7 11	17 04	6 06	18 17	4 54	19 21	5 56	17 53
⑪松 江	⑥7 17	17 06	6 09	18 21	4 55	19 27	6 00	17 57
広 島	⑨7 16	17 11	6 12	18 23	⑩5 01	19 27	6 02	17 59
山 口	④7 20	17 15	6 16	18 27	⑨5 05	19 30	6 06	18 03
徳 島	7 07	17 03	6 03	18 15	4 53	19 17	5 54	17 51
高 松	7 10	17 05	6 05	18 17	4 55	19 19	5 56	17 53
⑫高 知	7 10	17 09	6 07	18 19	4 59	19 19	5 58	17 55
松 山	⑪7 14	17 11	6 11	18 22	⑩5 01	19 24	6 01	17 58
大 分	⑥7 17	17 17	6 15	18 26	⑧5 04	19 28	6 05	18 03
宮 崎	⑩7 15	17 21	6 16	18 27	⑥5 11	19 24	6 06	18 04
熊 本	⑤7 19	17 24	6 19	18 30	④5 12	19 30	6 09	18 06
⑬福 岡	①7 23	17 25	6 20	18 31	⑥5 11	19 33	6 10	18 08
佐 賀	③7 22	17 26	6 21	18 32	④5 11	19 32	6 11	18 08
長 崎	①7 23	17 25	6 22	18 33	③5 15	19 33	6 12	18 10
⑭鹿児島	①7 14	17 25	6 20	18 30	②5 16	19 27	6 09	18 07
⑮那 覇	⑥7 17	17 49	6 32	18 41	①5 40	19 26	6 20	18 20

都市名の数字は次ページの地図の中の番号。1月1日の数字は初日の出が早い順①〜と遅い順①、6月30日も同じ。初日の出は早い①と遅い①の差は約1時間、夏至の頃には、2時間の差となる。(彼岸のころ1時間半)。

(「理科年表」97年版)

日本各地の緯度・経度

		経 度	緯 度
①	根 室	145°35′	43°20′
②	稚 内	141°41′	45°25′
③	札 幌	141°21′	43°04′
④	青 森	140°44′	40°49′
⑤	仙 台	140°52′	38°16′
⑥	新 潟	139°02′	37°55′
⑦	東 京	139°44′	35°39′
⑧	静 岡	138°23′	34°58′
⑨	金 沢	136°39′	36°34′
⑩	大 阪	135°29′	34°41′
⑪	松 江	133°03′	35°28′
⑫	高 知	133°32′	33°33′
⑬	福 岡	130°24′	33°35′
⑭	鹿児島	130°33′	31°36′
⑮	那 覇	127°40′	26°13′
⑯	石垣島	124°10′	24°20′
⑰	父 島	142°11′	27°05′

⑱	南大東島	131°14	25°50′	
⑲	沖ノ鳥島	136°00′	20°25′	(南端)
⑳	南鳥島	153°58′	24°18′	(東端)

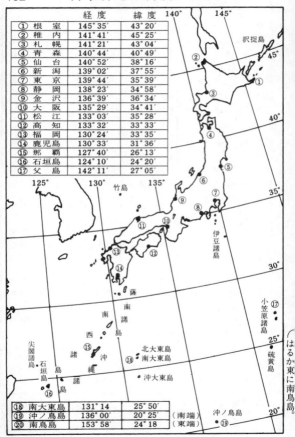

西暦からその年の干支を計算する法

　干支の基本数は10と12であるから、先ず、その年の西暦年を10で割り、余った年数を下の「十干の表」の番号に合わせて読む。

　また同じ年を12で割り、余った年数を「十二支の表」の番号に合わせて読む。

[**計算法**]（例）「2014年の干支を調べる」

　2014年÷10＝201余り 4年 … 4は甲（きのえ）
　2014年÷12＝167余り10年 … 10は午（うま）
　よって2014年は甲午（コウゴ・きのえうま）となる。

[十干の表]

0＝庚（コウ・かのえ）
1＝辛（シン・かのと）
2＝壬（ジン・みずのえ）
3＝癸（キ　・みずのと）
4＝甲（コウ・きのえ）
5＝乙（オツ・きのと）
6＝丙（ヘイ・ひのえ）
7＝丁（テイ・ひのと）
8＝戊（ボ　・つちのえ）
9＝己（キ　・つちのと）

[十二支の表]

0＝申（シン　・さる）
1＝酉（ユウ　・とり）
2＝戌（ジュツ・いぬ）
3＝亥（ガイ　・い）
4＝子（シ　　・ね）
5＝丑（チュウ・うし）
6＝寅（イン　・とら）
7＝卯（ボウ　・う）
8＝辰（シン　・たつ）
9＝巳（シ　　・み）
10＝午（ゴ　　・うま）
11＝未（ビ・ミ・ひつじ）

人 口 の 推 移

	人口総数 (千人)	うち男 (千人)	うち女 (千人)	人口密度 (1km²あ たり人)
1872(明5)	34 806	17 666	17 140	91.2
1880(〃13)	36 649	18 559	18 090	96.0
1885(〃18)	38 313	19 368	18 945	100.3
1890(〃23)	39 902	20 153	19 749	104.5
1895(〃28)	41 557	20 960	20 597	108.8
1900(〃33)	43 847	22 051	21 796	114.8
1905(〃38)	46 620	23 421	23 199	122.1
1910(〃43)	49 184	24 650	24 534	128.8
1915(大4)	52 752	26 465	26 287	138.2
1920(〃9)	55 473	27 812	27 661	145.3
1920(〃9)	55 963	28 044	27 919	146.6
1925(〃14)	59 737	30 013	29 724	156.5
1930(昭5)	64 450	32 390	32 060	168.6
1935(〃10)	69 254	34 734	34 520	181.0
1940(〃15)	71 933	35 387	36 546	188.0
1945(〃20)	72 147	33 894	38 104	195.8
1950(〃25)	83 200	40 812	42 388	225.9
1955(〃30)	89 276	43 861	45 415	241.5
1960(〃35)	93 419	45 878	47 541	252.7
1965(〃40)	98 275	48 244	50 031	265.8
1970(〃45)	103 720	50 918	52 802	280.3
1975(〃50)	111 940	55 091	56 849	300.5
1980(〃55)	117 060	57 594	59 467	314.1
1985(〃60)	121 049	59 497	61 552	324.7
1990(平2)	123 612	60 692	62 920	331.6
1995(〃7)	125 569	61 576	63 993	336.8
2000(〃12)	126 926	62 111	64 815	340.4
2005(〃17)	127 757	62 341	65 416	342.6
2010(〃22)	128 057	62 328	65 730	343.6
2015(〃27)	127 110	61 829	65 281	
2030	(116 618)	(56 253)	(60 364)	
2050	(97 076)	(46 657)	(50 419)	

* 1920年の上段までは1月1日現在，下段以下は10月1日国勢調査。
* 1940年は国勢調査人口から外地の軍人・軍属を除いた補正人口。
* 1945年は11月1日現在の人口に外地の軍人・軍属を加えた人口。
* 1945〜70年は沖縄県を除く(72年5月祖国復帰まで米軍政下)。
　　　　　　　　　　(「日本長期統計総覧」，国勢調査による)

人口ピラミッド

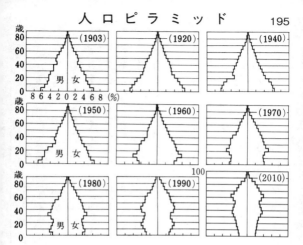

年齢別人口の割合（％）

	0～14歳	15～64歳	65歳以上		0～14歳	15～64歳	65歳以上
1884(明17)	31.6	62.7	5.7	1955(昭30)	33.4	61.3	5.3
1888(〃21)	33.7	60.8	5.5	1960(〃35)	30.0	64.3	5.7
1893(〃26)	33.1	61.4	5.5	1965(〃40)	25.6	68.1	6.3
1898(〃31)	32.8	61.7	5.5	1970(〃45)	23.9	69.0	7.1
1903(〃36)	33.5	61.3	5.2	1975(〃50)	24.3	67.8	7.9
1908(〃41)	34.2	60.5	5.3	1980(〃55)	23.5	67.4	9.1
1913(大2)	34.9	59.6	5.5	1985(〃60)	21.5	68.2	10.3
1918(〃7)	35.1	59.2	5.7	1990(平2)	18.2	69.7	12.1
1920(〃9)	36.5	58.2	5.3	1995(〃7)	16.0	69.5	14.6
1925(〃14)	36.7	58.2	5.1	2000(〃12)	14.6	67.9	17.3
1930(昭5)	36.6	58.6	4.8	2005(〃17)	13.7	66.2	20.0
1935(〃10)	36.9	58.4	4.7	2010(〃22)	13.2	63.8	23.0
1940(〃15)	36.7	58.5	4.8	2015(〃27)	12.7	60.6	26.7
1947(〃22)	35.3	59.9	4.8	2030	(10.3)	(58.1)	(31.6)
1950(〃25)	35.4	59.7	4.9	2050	(9.7)	(51.5)	(38.8)

（　）内は平成24年国立社会保障・人口問題研究所の推計。

かなのくずし (1)

〔指導〕
国立史料館 助教授
浅井潤子

〔安〕あちああ［阿］ああ
〔悪〕をををを［愛］ををを
〔以〕いい［意］ととき
〔異〕まミ［宇］ううう
〔有〕ああえもをとえ
〔衣〕ええええ［江〕ええええ
〔得〕えええええええええ
〔於〕おおおおおおおおお
〔加〕かかかかか［歟〕ええ
〔可〕ううすす・うかう
〔幾〕ちきききききき
〔起〕きえきを〔支〕きををを
〔久〕くくくくく

〔具〕ててててて
〔計〕けけけけ［个］けけけ
〔希〕ききき［遣］かを
〔己〕ここてこ［古］ををを
〔左〕ささをささを
〔佐〕ささをさ〔作〕ををを
〔差〕さきき
〔之〕ええしし［志］ををを
〔事〕するまみすすす
〔寸〕すするす［春］ををを
〔須〕ほれれ［壽］きををを
〔世〕せせせせ［勢］ををを
〔曽〕ををををそそ
〔楚〕せせや［處］そうを
〔所〕そそそそそ

〔多〕たああきみき
〔知〕ええちちち［千〕ちち
〔川〕りりりりり
〔徒〕佐徒徒徒
〔頭〕ええええ［都］ををを
〔天〕ててて・てて
〔亭〕ててて［帝］ててて
〔止〕山止ととと
〔与〕ええとをを［登〕ををを
〔奈〕なななな［那〕をを
〔仁〕にに〔尓〕ふふふ

〔太〕ををたた［堂］ををを

図書紹介
中田易直他編「かな用例字典」（柏書房）
東京都文京区本駒込二ノ三／（四五〇〇円）

〔解説書3　目次〕
- 古文書入門
- 近世文書のなかの農村文書——北原　達
- 年未済徴収目録と小平市——当家光文書
- 北条村村議事録（柏崎市・小林孝次編）
- （教授談話集）　　林　英夫
- 「かな文書」を読む——浅井潤子
- （参考資料集）

〔複製教材〕
- A教材①
- B教材③（初出）
- A教材②
- B教材①
- B教材③村議事録（武州西郡北品川村）

かなのくずし (2)

〔参考資料室〕

かなのくずし 2

(指導)
国立史料館 助教授
浅井 潤子

〔丹〕	〔耳〕	〔末〕あま十〔満〕
〔奴〕		〔美〕美み〔身〕
〔祢〕祢〔年〕		〔見〕見
〔乃〕の〔之〕		〔武〕む〔無〕
〔能〕	〔母〕	〔女〕
〔波〕はた〔盤〕		〔毛〕
〔者〕		〔茂〕〔母〕
〔比〕ひ		〔也〕
〔飛〕	〔遊〕	〔哉〕
〔不〕ふ〔婦〕		〔由〕ゆ
〔部〕へ〔遍〕奉		〔与〕よ
〔保〕ほ	〔里〕り	〔良〕ら
〔本〕	〔留〕	〔利〕り
	〔流〕	
〔礼〕	〔連〕	〔路〕
〔呂〕		〔和〕わ
〔王〕を		〔為〕
〔恵〕ゑ		
〔衛〕		
〔遠〕を		
〔无〕ん		
〔累〕		

解説 4 目次
〔古文書入門〕 農村にみた支配の文書 北原 進
A教材① 北品川宿打廻在廻帳上帳〈立正大学〉
B教材② 預地支配中供書〈福井市松平家文庫〉
〔教材解説〕 大倉春日の思い出 小泉田 淳
〔参考資料室〕 かなのくずし 2―指導― 浅井潤子
別冊解説
複製教材
A教材 ④〔前〕
B教材 ④ 預地支配方の制定
添削教材 東〈松平家文庫〉
添削教材 ⑩ 歎々解説〈添削用小冊子に挿入同封発行〉

日正社古文書研究所「入門古文書通信講座」解説書〈参考資料室〉より

漢字のくずし (1)

*古文書関係資料は、古文書を学ぶ人のために掲載を続ける。

参考資料案 漢字のくずし 1

〔遣〕〔異〕〔意〕←〔以〕→〔足〕〔悪〕←〔有〕→

〔到〕〔至〕〔致〕←〔雖〕→〔雨〕〔違〕←〔為〕→

〔置〕〔得〕〔越〕〔江〕〔駅〕←〔衛〕→〔聞〕〔馬〕〔印〕〔壱〕

〔願〕←〔頭〕→〔官〕〔覚〕〔替〕〔開〕〔画〕〔趣〕←〔奥〕→

〔帰〕〔既〕〔期〕〔幾〕〔喜〕←〔間〕→

〔恐〕〔急〕〔聞〕〔議〕〔義〕←〔貴〕→

解説書7 目次
古文書入門7 …………………… 1
キリシタン禁制と人別帳 — 北原 進
A教材⑥ 検地帳 ………………
B教材⑥ キリシタン禁制 ……
〔教授side室〕
偽文書との出会い — 丸山 雍成 … 5
〔参考資料室〕
漢字のくずし 1 …………………… 8
複製教材
A教材⑦（前出）
B教材⑦ 宗門人別帳

漢字のくずし (2)

参考資料室 漢字のくずし 2

〔兼〕〔銀〕〔謹〕〔郷〕←〔共〕→←〔御〕→←〔去〕

〔罪〕〔歳〕〔済〕〔最〕←〔座〕→←〔差〕→←〔左〕〔後〕

〔受〕〔敷〕←〔次〕→←〔此〕→〔斯〕〔使〕〔残〕〔参〕〔様〕←〔作〕→

〔諸〕〔處〕←〔所〕→←〔従〕→←〔出〕→←〔州〕→〔取〕→〔事〕→

〔然〕〔銭〕←〔成〕→←〔是〕→〔献〕〔進〕→←〔勝〕→

←〔殿〕→←〔近〕→〔断〕〔尋〕→〔給〕→←〔第〕→←〔候〕→

解説書8 目次

古文書入門8 五人組帳の周辺
宗門人別帳・五人組帳
B教材⑥ 五人組帳控書
(教材解説等) 五人組帳の出合
(参考資料室) 「反古」との出合い
漢字のくずし 2 (前ело) ……渡辺則次
複製教材
A教材③ 古文書入門 北原 進
B教材④ 宗門人別帳控
添削教材④ 五人組帳控書
人別通り仕上

日正社古文書研究所「入門古文書通信講座」解説書〈参考資料室〉より

漢字のくずし (3)

〔達〕〔助〕〔澤〕〔疊〕〔馱〕〔對〕←〔退〕→〔駄〕〔他〕

←〔知〕→〔段〕←〔談〕→〔端〕〔執〕←〔奉〕→〔縱〕

←〔通〕→〔遂〕←〔直〕→〔勅〕〔聽〕〔帳〕〔朝〕〔頂〕〔聰〕〔遲〕〔智〕

〔島〕〔度〕←〔徒〕→〔都〕〔傳〕〔忝〕〔轉〕〔停〕〔積〕〔崔〕〔継〕〔就〕

〔猶〕〔頓〕〔德〕〔堂〕〔道〕←〔等〕→〔当〕

←〔登〕→〔納〕〔盗〕〔如〕〔逃〕〔貳〕〔難〕〔乍〕

解説 9 目次

〔古文書入門 9〕 町方の古文書・古記録 …… 北原 進 1

【A教材⑤】 五人組帳前書 3

【A教材⑥】 成田不動江戸出開帳一件披露願 5

【教授談話室】 文書の縦と横 …… 上島 有 7

〔参考資料室〕 漢字のくずし 8

複製教材

A教材⑨ （前出）

B教材⑤ 店賃証文

漢字のくずし (4)

参考資料室

漢字のくずし 4

〔非〕 ←〔被〕→ 〔早〕〔發〕〔走〕〔賣〕〔輩〕〔拝〕

〔邊〕〔別〕〔兵〕〔平〕〔分〕〔觸〕〔臥〕〔節〕〔賦〕〔引〕

〔右〕〔身〕〔儘〕〔迄〕〔眞〕←〔罷〕→〔前〕〔米〕〔傍〕〔望〕〔報〕〔暮〕

〔行〕〔愈〕〔役〕〔哉〕〔物〕←〔者〕→〔基〕〔免〕〔旨〕〔无〕〔無〕〔貢〕

〔老〕〔連〕〔列〕〔両〕〔流〕〔仍〕←〔歟〕→

〔我〕〔煩〕〔若〕〔養〕〔預〕〔論〕←〔郎〕→

解説書 10 目次

- 古文書入門 10 訴訟と古文書 .... 北畠 進 1
- A教材⑨ 貸借証文
- A教材⑩ 店頭近状
- (教授講話案) 山蔭義許状
- 三河地方の古文書研究会 .... 古永 昭 8
- 漢字のくずし
- **複製教材**
  - A教材⑯ 塩瀬衛浜出入訴状
  - B教材⑲ 「奈出」
- **添削教材**
  - 家督相続願添状に付き返一札

日正社古文書研究所「入門古文書通信講座」解説書〈参考資料室〉より

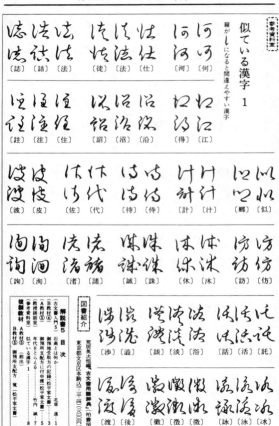

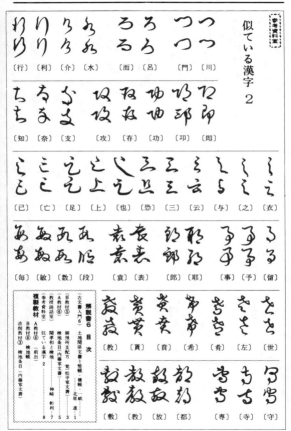

通用語句のくずし 1

内済之趣 ないさいのおもむき
為致度段 いたせたきだん
住来路銀 おうらいろぎん
時分之儀者 じぶんのぎは
仕候處 つかまつりそうろうところ
無懈怠相勤 けたいなくあいつとめ
仕合ニ奉存候 しあわせにぞんじたてまつりそうろう

及掛合 とっとかけあいにおよび
難相成段申之 あいなりがたきだんこれをもうす
異論無之様 いろんこれなきよう
可令差圖候事 さしずせしむべくそうろうこと
此上世話為致候樣 このうえせわいたさせそうろうぎ
談内済相整 じゅくだんないさいあいとのい
兼々被仰付候通 かねがねおおせつけられそうろうとおり

一言御断申聞候樣 いちごんおんことわりもうしきこえそうろうよう
御聞済被成下置度 おききずみなしくだしおかれたく
二御座候共 にござそうろうとも
知著之曲ニ度可被仰付候 ちいくのものにこぞうろうとも
取計 とりはからい
可申答 もうしこたうべく

解説書12 目次

〔古文書入門12〕　　　　　　　　　　北原 進 1
〔参考資料室〕
B教材⑬　　私幻以ろ　　　　　　　　　　　　3
　　　　　留守居役申渡
　　　　　御手借質物
　　　　　書状の系譜を調べる　　　　　　　大谷貞夫 7
〔教授話室〕
A教材⑮　　通用語句のくずし 1　　　　　　　8
B教材⑭　　先賄
添削教材⑮　永代譲渡文 （前出）

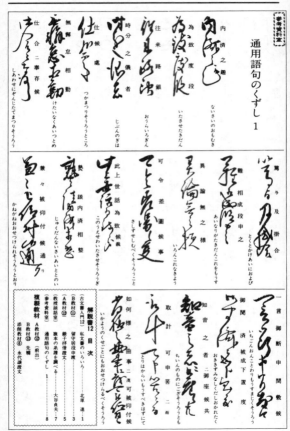

通用語句のくずし (2)

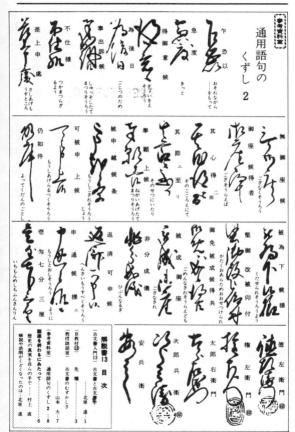

日正社古文書研究所「入門古文書通信講座」解説書〈参考資料室〉より

異字・略字一覧

206

参考資料室

異字・略字一覧

近世文書に頻出する異字(異体字)・略字のおもなものをあげた。幾つもの書き方がある文字もあり、注意を要する。

肆以三/四	参 三	式 二	弌 一	モ トモ	キ トキ	メ として	ク コト	タ より
⺀ 下	∠ 上	阡 千	陌 百	卌 四十	玖 九	捌 八	漆 七	伍 五
牟 年	㔺 亡	卯 卯	ヨヨ 閏	㔹刕 寅	タ勹 丑	升 升	厘斗計	メメ 貫
訖 訖	㒹 丞	㐮乘 承	扵扵 於	寂 最	李 学	兴 興	☐ 召	【、】
役伇 役	辻 迁	帋 紙	九 凡	逆 庭	煎 煎	糇餒 養	美 美	籹 数
穐秌 秋	䟴 抜	姆 嫁	迚 逃	侑 備	儀併 倅	絔 絹	綱網	能 能
欪 頭	挺逴 遊	㐮 遠	辷 迄	持扌将	扣 控	加尓 州	弘別引	飯帰
芰 事	早 畢	支 支	㕚 友	无 無	寸 時	ア マ 部	ホホ 等	【二】
芹 菩薩	處 處	羣 群	肩 負	尒 森	桒桑	ヒ 被	乐永 楽	炊帰 之之也
﨑 崎	埜 野	恠 怪	啚 圖	旬 當	閜 聞	艸 草	罒岡	妥 政
								时吔 時

狄 執

【一】

厭願

所所

茶菩提

【ー】

欤 歟

吴 異

灵灵 霊

仆 候

ト